AF346193

© 2022 Lina Mukandoli
petales-d-atsutchi.over-blog.com/
petales-d-atsutchi@outlook.fr
9, rue Delimborg – 6001 Marcinelle
ISBN 978-2-9602874-2-4

Photos : *La veillée est double, La métamorphose, La vie de papillon* (couverture)
Lina Mukandoli

Photo : *J'ai franchi le fleuve*
Francklin Donfack, Lina Mukandoli

Dépôt légal : janvier 2022

Vestiges d'une métamorphose

Vestiges d'une métamorphose

Vestiges d'une métamorphose

Lina Mukandoli

Pétales d'ATSUTCHI

Dans ce recueil, j'ai rassemblé des poèmes qui ont accompagné mon cheminement vers la découverte de moi-même. Je les ai rédigés alors que je traversais une des périodes les plus sombres de ma vie. Ce fut également l'une des plus belles, car ce fut l'occasion de me redécouvrir et, d'une certaine façon, de renaître.

Alors que j'étais envahie par la tristesse la plus profonde, je me suis tournée vers une consolatrice que j'avais délaissée et oubliée, la poésie. En guise de règle de rédaction, je me suis accordé le droit d'écrire sur absolument tous les sujets que je souhaitais aborder. Cependant, je devais chaque fois terminer sur une note positive. De cette façon, je faisais d'une pierre deux coups : je pouvais m'étendre sur tout ce qui me tracassait ou m'attristait, mais en même temps, je m'exhortais à garder espoir et à ne pas me concentrer sur les seules choses négatives.

J'espère aujourd'hui que ces mots qui m'ont accompagnée et soutenue pourront vous apporter quelque réconfort, que les idées que j'ai développées pourront vous éclairer un tant soit peu.

Bon voyage à la découverte de ces vestiges de ma métamorphose...

La veillée est double

Des flammes pour consumer la peur

Mon esprit mal à l'aise est flou,
Mais je dois prendre une décision.
Dans ce monde aux revers vifs et doux,
Comment trouver la raison ?

Je tâtonne, à la quête de ma source de loi.
Doit-ce finalement être moi ?
Alors c'est injustement que je me blâme ?
Ou mieux vaut-il un autre guide pour mon âme ?
Comment savoir ? Ô comment comprendre ?
Les braises du doute refusent de s'éteindre.
Je sens ma clairvoyance faillir,
Ma raison ne peut sur rien s'établir.

L'incertitude m'habite et me déroute,
Je crains de commettre une erreur,
J'appréhende des malheurs au coin de la route ;
Cette confusion nourrit la peur.

Je rêve d'étreindre un prince aimant
Pour consoler mon impatience en feignant
Que la tendresse est le baume dont, sans attendre,
Il me faut mon cœur solitaire oindre
Pour soigner ses plus profondes plaies.
Mais, au moment le meilleur viendra mon aimé.
D'abord, il est un être dont je dois prendre soin,
Pour l'instant, patienter et ne lui préférer rien.

Alors, je me laisse éprendre,
Entraîner, surprendre,
Par une lumière autre qui luit.
Un feu, des flammes d'une violence inouïe.
Elles frémissent dans mon ventre, présage
Que les larmes ne sont qu'un passage.
Elles me guident vers ce que je ne peux encore percevoir
En générant des idées qui dévorent le désespoir.

J'aime ce regard qui me contemple de la glace ;
Il sait qu'en toute chose la douleur a sa place.
Il est plein de questions et, quoiqu'intimidé,
Il est confiant, décidé,
Il est, reflet du cœur qui l'anime,
Assombri par la peur, mais celle-ci l'arrime :
Au lieu de faire les yeux se détourner,
Elle les accroche, amie éprouvée,
Et confirme la beauté
De ce qui attend, impatienté.

Alors quittons le froid de la tristesse sans égards,
Car le cœur a forgé d'implacables fins sans retard,
Et le corps s'est mu, quoiqu'avec effort,
Pour traduire la fièvre salutaire au dehors.

Puisque le monde ne récompense pas la perfection,
J'embraserai mes doutes par l'action,
Et calcinerai la peur qui s'acharne, en vain
Face à l'incendie qui, de l'intérieur, brûle sans fin.

Des troncs pleins de larmes

J'écartai les bras au plus loin
Et fermai les yeux avec soin,
Abreuvant mon corps de vent automnal,
Frissonnant faiblement sous la lumière des étoiles.
Je tentai de calmer mon cœur agité
En laissant mes pensées voguer, le ventre noué.

Quel est donc ce monde, Seigneur,
Où le malheur déteint sur tout bonheur ?
Les cœurs hurlent en silence ;
Ils déplorent leur ignorance.
Pourtant, l'Univers bruit de signes,
Du plus simple au plus insigne ;
Il est riche en parfums,
Pour le savant, pour tout un chacun ;
Et abonde en images
Pour les heureux qui voyagent.

Ouvrez donc mon cœur, ô Maître des cieux,
Et expliquez-moi pourquoi sur nos vies il pleut.
Pourquoi donc, mon Dieu, faut-il frapper des poings les murs,
Et pourquoi, dites-moi, j'ai la tête si dure ?
Je pleure les arbres et je pleure les pierres,
Où que j'aille, j'y trouve la misère,
Quoique la sagesse des années me rappelle les prières
Qu'il me faut vous adresser, car vous êtes le repère,
Avant d'accomplir patiemment ce qui est en mon pouvoir
Et confier à vos justes mains l'échec et la victoire.

J'enlaçai mon torse de mes bras
Et revins tout doucement à moi.
J'essuyai mes joues mouillées
Et souris, le regard vers le ciel constellé.

Il y a une fin à chaque chose, sauf à Vous,
Jusqu'au jour de la révélation de ce qui ne s'avoue.
Et jusqu'à notre premier hiver,
Parce que c'est la loi sur Terre,
La douleur et le plaisir se succéderont,
Et nous serrerons les dents mais nous tiendrons.
Parce que les pires mésaventures, pour la vie, nous arment
Et nous devenons des troncs pleins de larmes.

Pour celui qui part, pour celui qui reste

Le moteur ultime est la douleur,
Mais à chacun sa propre heure.
Tes insuffisances te tourmentent
Et causent des souffrances qui dévorent ton ventre.
Tu observes ceux qui ont l'aisance dont tu rêves,
Et qui leur permet de mener à bien ce qu'avec peine tu
achèves,
Rencontrer et vivre avec les personnes qui leur plaisent,
Refuser la compagnie de certains et dire non à leur aise ;
Alors que tu passes tes journées à sourire ;
Surtout ne pas déplaire mais bien faire rire.
Cependant, c'est aux dépens de ta vraie personnalité ;
Aveugle, tu préfères la quantité à la qualité.
Pourtant, malgré tous tes efforts et ta complaisance,
Le nombre des amis, de tes connaissances,
Est plus source d'un terrible malaise que de plénitude ;
La confiance en soi vaut mieux que toutes les fausses
attitudes.

Une fois que tu prends conscience de ceci,
Tu es en mesure de créer ta nouvelle vie.
Ou tu restes dans le martyre des faux-semblants,
Ou tu pars pour le pays des vaillants
Où il faudra te battre pour construire
La personne que tu es vraiment, quitte à souffrir
D'une douleur nouvelle qui, si tu l'écoutes,
Devient ton guide et un nouveau compagnon de route
Dont le chemin ira, si tu y travailles, se séparant du tiens
Pour te laisser bien plus forte, même sans personne ni rien.

En effet, comme ta douloureuse expérience te l'a prouvé,
Le voyage auquel tu peux décider de t'engager
Est absolument intérieur car, ni le fait de mentir par tes gestes,
Ni le fait de perdre ce poids dont, avec effort, tu te délestes,
Ni non plus le pouvoir, les possessions ou l'argent,
Ne comblent le trou béant de tes tourments.
Une fois la porte de la prise de conscience ouverte,
Tu t'enrages sur tes excès et tu t'enrages sur tes pertes,
Mais tu réalises aussi que celui qui peut te venir en aide
Est le même pour qui auprès du Ciel tu plaides,
Que celui qui prononce les « oui » excessifs
A la capacité d'opposer des « non » définitifs.

Toutefois, la route vers le changement est des plus escarpées
À chaque nouvelle situation où un choix est exigé,
Tu as mal de dire non, tes entrailles te font souffrir,
Mais tu sais désormais qu'il te faut de ce mal pâtir,
Ne plus absorber la peine supposée des autres à tout prix
Tout en te consumant de souffrance petit à petit.
En effet, soucieux de veiller sur les limites d'autrui,
Ce sont les tiennes que tu piétines pour un non, pour un oui,
Celles-là mêmes qui témoignent de ta considération pour toi-
même,
Et pour les lois qui te guident et qui sont ton emblème.
Tu ne peux vivre pleinement en plaisant à tous,
Demandant la permission chaque fois que tu tousses ;
La liberté vient inéluctablement avec ce douloureux prix,
Mais plutôt cela qu'aspirer d'autrui une illusion de vie.

Tu ne peux supprimer ton existence, ni ton corps, ni ta voix,
Tu n'es pas invisible pour que personne ne te voie.
Tes mains sont réelles, et tes yeux et ta bouche
Et ton cœur qui bat et tes jambes qui marchent.
Amie, tu ne peux réduire à néant la personne que tu es,
Ni ce que tu aimes chez toi, ni ce que tu hais,
Ni ce qui te rend semblable à ceux qui t'entourent,
Ni les différences qui écrasent ta volonté toujours.
Ô certes non, tu ne peux supprimer ton existence, ni tes mains,
ni ta voix,
Tu n'es en rien invisible ; enlace donc ton corps de tes bras !
Sens ton ventre qui se gonfle et se dégonfle à chaque
respiration,
Écoute ton cœur et tes tripes qui t'enseignent la douleur, mère
de l'action.

La veillée est double

Cœur en peine qui pleure
L'incompréhension, la perte,
Ta confusion changeante d'heure en heure,
Il y a une fin à tout, certes.
Les jours de tristesse remplacent
Ceux qui t'emplissent d'alacrité,
Et ces derniers, inlassablement, chassent
Les nuages les plus épais.

Dans cette période suspendue d'angoisse,
Où, indécis, tu ris et tu te froisses,
Le monde n'est pas peint du seul noir,
Car tu te découvres d'autres visages dans le miroir.
Ces moments tendus sont propices
À d'autres sortes d'entreprises.
Elles ne sont pas toujours celles déjà explorées ;
Tu découvres un merveilleux monde à peine effleuré.
Même en ton sein plein de chagrin,
Au cœur de tes plus sombres pensées, un écrin
Empli d'une lumière aux reflets chatoyants
Vient t'apprendre à veiller, parfois pour longtemps.

Tu veilles pour la vie passée, la page tournée,
Pour attendre, sans te mourir, celle qui va lui succéder.
L'étincelle se montre au moment opportun,
Elle sait quand d'elle tu as le plus besoin.
Selon les moments, elle varie son intensité,
Au-delà du conscient, elle sait comment te soigner.

Âme que différentes raisons font souffrir,
Prépare-toi à migrer ; il faut partir.
Apprête ce qui t'est permis et toute ta force morale,
Emmène aussi ton corps qui cicatrise du mal
Et suis ce feu intérieur qui t'enseigne –
Il est chaleur, source ; il est signe,
Au-delà du monde connu, d'ébène, de craie ou d'étain–
Comment vivre quand un long combat est devenu vain,
Quand, du sommet d'une montagne de progrès,
Tu t'écroules sans au moins récolter
Le fruit qui tant d'efforts avait motivés.
Il est, comme pour le naufragé malheureux, ta bouée.

Alors, apprête-toi, ô Cœur qui pleure,
Rien ne dure ; pas même le malheur.
Il te faut vivre comme les vivants tant que tu vis.
Pleurer, oui, mais au plus vite, quitte cette nuit.
En effet, devant ces nuages qui dans ton ciel se sont
accumulés,
Pleurer, certes, mais vois comme tu continues de respirer.
Tu as toujours toi-même et aussi le Seigneur,
Deux choses qui jamais ne meurent
Tant que le souffle gonfle encore ta poitrine,
Par les jours de soleil et par les jours de bruine.
Elles t'encouragent à t'accrocher à elles
Pour que ta peine ne soit pas éternelle.

Le succès viendra, et l'amour, et la sérénité.
Alors, Âme qui sous le faix de la douleur a ployé,
Vis comme les vivants, ce n'est pas encore ton heure ;
Ta veillée est double, ne demeure pas dans le malheur.
Quitte ta torpeur ou profite d'elle pour explorer

Les promesses de ces flammes qui, ton flanc, veulent
perforer.
Suis leur lumière, elles veulent te soigner,
Te faire quitter ta léthargie triste et apeurée,
Les affres de tes pertes où tu gis,
Pour t'emmener vers le ciel de ta nouvelle vie.

Autoconsolation

J'ai réalisé que le chemin auquel m'invite
Le feu en moi est semé d'embuches.
Je veux voir les résultats du travail trop vite,
Or, comme le miel, fabriqué en ruche,
Sa saveur apparaît avec le temps ;
Elle se distingue à force de recherche.
Bien plus, son effet est pareil au talent :
Pour l'attentif, il s'embrase telle une mèche.

Cœur, n'aie crainte, tu ne perdras pas
Ce qui, depuis toujours, te met en émoi.
Mets donc la force de tes battements
Dans ce qu'il y a à faire à chaque moment.
Ne doute pas, chère Amie, de l'heureuse adresse
Dont le Seigneur t'a, à jamais, fait cadeau.
Tu n'égareras pas ce qui te soutient dans la détresse
Et qui te permet d'exalter les jours les plus beaux.

Tu te fais du souci pour les mauvaises raisons.
Cœur, bats plutôt pour assurer la réalisation
Des nombreux défis établis par les cieux.
Chacun d'entre eux est précieux,
Et, tous ensemble, une fois surmontés,
Mènent en les lieux les plus enchantés.

Amie, aie foi en Celui qui aime,
Crois donc en Celui qui de ta force atteste,
Car à aucun tracas, à nul problème
Il ne te confronte sans que tu ne sois prête.

Endure chaque jour, chaque minute,
Ces soucis qui ton cœur se disputent.
Ils sont l'épreuve par laquelle Al-Mou 'min
T'apprend à survivre tout ce qui te mine.
Le Tout-Puissant t'interpelle
À travers ces peines – ô si cruelles ! –
Pour rappeler son souvenir à ton cœur ;
Il veut ramener ton front, dans le bonheur
Et dans le malheur, au plus près de Lui
Pour que jamais tu ne sois de ceux qui fuient.
Il t'appelle à un amour patient
Envers ceux qu'il aime indiciblement.
Il te rappelle tes talents, tes faiblesses
Pour que tu te courbes avec plus de sagesse.

Alors, mon amour, chéris, ne repousse pas
Celui qui n'aime que l'aimable.
Ma toute belle, accroche-toi
À Celui qui abhorre le détestable.

Parle, Musique

Mon corps transit dans l'attente
Enfin, enfin, tu retentis
Tantôt rapide, tantôt lente
Tu ranimes et tu anéantis.

Les mots me font défaut ;
Alors, je t'écoute, il le faut.
Tes notes les disent pour moi ;
Tu parles les larmes et tu parles la joie.
Devant toi, la vérité écrase le faux
Soit on rit, soit on pleure aussitôt
Ou après un moment suspendu,
Le corps bouillant, glacé, tendu.

Il émet de la résistance, mais tu l'emportes
Et avant que je ne le sache, il virevolte,
Essaie d'épouser tes inflexions.
Musique, parle les émotions
Et, dans l'espoir que tu les délivres,
Emporte, et le cœur, et les lèvres
Qui, pétrifiés, ne se soulèvent ;
Parle pour eux ce qu'ils ne peuvent.
Fais déborder les larmes et se mouvoir la poitrine,
Parle pour moi ce que la peur imagine.
Ô parle ce que le cœur ne veut pas mais sait
Et aussi, amie, n'oublie pas les moments de gaieté.

La tristesse et l'allégresse sont universelles,
Et tu es un réconciliateur qui nous rappelle

Ce lien fraternel, au-delà des langues, des préjugés ;
Parle le pays où tous les obstacles sont effondrés.

Et quand tu prends fin, je m'en retourne
Au monde où, inlassablement, l'heure tourne.
Mes larmes, ma joie, comme arrière-plan,
Mais jamais mon cœur n'oublie l'univers latent
Où les poitrines se restaurent sur ton onde ;
Parle, Musique, ô parle pour lui le langage du monde.

L'Omniscient est attentif

25

Tant de peine, tant de haine !
Aucun pourquoi n'est assez fort pour me les rendre
supportables.
Alors, dites-moi, Seigneur, où trouver le sabre
Dont je fendrai cette douleur, pour endurer cette vie qui est
la mienne ?

Cela est inutile, et pourtant, mon Dieu, pourquoi ?

Je sais que vous connaissez les chagrins de mon cœur qui
pleure. Qui saigne.
Et, certes, le moment venu, je comprendrai vos signes.
Je sais que vous entendez mes prières, Ô Témoin
omniscient.
Je sais que vous m'entendez, Ô Sage bienveillant.

Donnez-moi la force.

Libre

Soumise
À Dieu
Seul

Un mot
Pour Vous décrire
Insuffisant

Le cœur, l'esprit
Le corps
Harmonie

Sincérité
Amie du courage
Amie du courageux

Voie choisie
Indisposer
Fermeté

Respect de soi
Respect d'autrui
Sans condescendance

Ton regard
Coule sur ma vie,
Imperméable

Mains noires
Amour de soi
Connaissance de soi

Réussir dans ses entreprises
Échouer
Rebondir toujours

Le savoir
L'acquérir
Un devoir

La connaissance
Un devoir –
Conscience

Parler
Garder le silence
Contrarier

Amour pour moi-même
Pour tout
Joie de vivre

Poésie
Rigueur
Beauté

Poèmes
Sans rimes
Fluidité

Ensommeillée
Fraîche comme un matin d'automne
Belle

La couleur de tes iris
M'est connue –
Détachement

Ton histoire
Mon cheminement
Propres

Mes yeux
Où bon me semble
Sans sourire

Péché
Repentir sincère
Caractère

Sourire
Quand le cœur m'en dit
Déplaire

Danser
En désordre
Résonance

Chanter, se tromper
Continuer
Joyeuse

Ni se plaindre
Ni blâmer autrui
Responsable

Petite pionnière,
À quoi ressemblera ta vie
Demain ?

Rire sous le soleil,
Pleurer sous la pluie –
Tenace

Aimer
Ne pas l'être
Fragilité

Chaleur irradiante
Certitude paisible
Je l'aime

Douleur d'une jeune femme,
Ancrée dans sa chair
Espérer

Gestes ridicules
Ne pas
S'excuser

Avoir raison
Se tromper
Humilité

Écrire
M'abstenir
Sans peur

Donner
Restreindre –
Authentique

Sourire de la petite fille
Vision
D'avenir

Bras de ma Maman,
Rire des hommes que j'aime
Chaleur

Terre
Ma mère
Où que je sois

J'ai franchi le fleuve

Il faut les vivre

Pour acquérir force mentale et clarté,
J'ai résolu de pratiquer le jeûne.
Et mon cœur repu de privations saines
A transcendé mes capacités.
Au réveil du deuxième jour,
Je me suis enhardie sans détours :
Une fois le message déclencheur entendu,
J'ai résolu de me mettre à nu.
Et, quoique mon ventre et mon cœur
Eussent été noués par la peur,
J'ai agrippé l'enregistreur
Et pris en main mon bonheur.
Une longue attente s'en est suivie
Où la paix et la fierté ont lui ;
J'étais prête, après tant d'années,
À révéler mes soupirs à mon bien-aimé.
Pourtant, l'espoir qu'un jour il me serre dans ses bras
Était assombri par la crainte qu'il ne me convienne pas,
Que mes sentiments n'aient été qu'un mirage
Pour avoir régulièrement rencontré son visage.
Il a pris du temps pour réfléchir
Et bien des précautions pour me dire
Que mes sentiments n'étaient pas partagés,
Que ses pensées voguaient ailleurs ; qu'il n'était pas prêt.
Alors, tendrement, comme on fait pour un enfant bercé,
J'ai chanté pour consoler mon cœur blessé :

« La tension de l'attente et la vision du gouffre,
La détermination dans le cœur qui souffre,

La sensation de paix dans tout ton être,
La vision du futur qui commence à paraître,
Et l'instinct que, timidement, tu commences à suivre ;
Cœur qui apprend, il faut les vivre.

L'impression de légèreté qui envahit le cœur,
Se répand dans le ventre et s'y épanouit telle une fleur,
Les chaudes larmes versées pour les êtres et les choses
perdues,
Le silence qui, dans toutes les pièces, s'est répandu,
Un but longtemps rêvé qui ne peut se poursuivre ;
Cœur dans l'attente, il faut les vivre.

La confusion qui s'empare de ton esprit
Quand un échec questionne ce que tu as entrepris,
Le bonheur immense qui te transporte
Quand la victoire sur les obstacles tu remportes,
La distraction, un instant, des douleurs les plus vives ;
Cœur qui sait célébrer, il faut les vivre.

Mon amour, les cœurs bouillent et se glacent ;
Les ventres se dénouent et se tendent dans l'angoisse ;
La tête s'embrume ou s'éclaire comme le jour ;
Ni la tristesse, ni la joie ne durent toujours.
Dès lors, quand un sentiment s'empare de ton cœur,
Accueille-le pour un an ou pour une heure,
Car la pluie nous apprend à chérir le soleil,
Et l'espoir de ses rayons nous préserve du sommeil.
Garde donc espoir par les temps de froid,
Car tant que la vie brille encore en toi,
La chaleur de ses flammes te retrouvera partout
Pour te faire oublier ton chagrin d'amour. »

L'importance de ce qui reste

Juste toi, et le vent,
Mon amour pour toujours.
Je t'aime depuis si longtemps,
Je ne compte plus les jours.
Mes bras t'enlacent ; une illusion.
L'espace s'efface ; mon cerveau bout.
Et mon cœur, Chéri, disons
Qu'il crie ton absence, le fou.

Ne sait-il donc pas
Qu'il faut dire à haute voix
Ce que l'on ne comprend guère
Ou que l'on cherche à taire ?
Ignore-t-il que si l'on aime,
Nul besoin de chansons ou de poèmes ?
Qu'on n'attend qu'un mot de l'élu de son cœur
Pour courir à la source de son bonheur ?

Ô, pauvre sot ! Pauvre sot !
À quoi bon ces larmes à en remplir des seaux ?
Pourquoi donc ces envies de mordre ?
Pourquoi le corps en transe s'effondre ?
Alors que tu sais, tu sais !
Il ne t'a jamais aimée !

Mais il ne faut pas que tu te blâmes ;
Personne ne peut ce genre de flammes
Contrôler le cours, même avec à l'âme les qualités
D'honneur, de courage et de loyauté.

Mais plutôt que ces plaintes, ma tendre amie,
Qui te déchirent le flanc et l'aimante partie,
Utilise ce feu frustré par le froid
Pour rendre ton monde un peu moins étroit.

Tu vis le même chagrin que bien des millions ;
C'est le prix à payer pour ouvrir les yeux.
Le seigneur t'a fait cadeau d'indicibles dons
Que tu ne peux délivrer sans observer les cieux.
La nuit donne le jour qui revient aux ténèbres
Et le vent remplace la pluie qui s'éclipse au soleil.
L'oiseau quitte l'azur que, de son vol, il célèbre
Et va nourrir les êtres qui, dans le sol, sommeillent.
Le bougre ne voit point le leurre de cette torpeur,
Car ces petits êtres vivent nombreux, en silence,
Et travaillent, inconscients, avec ardeur,
À la santé d'un monde immense.

Alors, Cœur que mes rimes n'ont pu distraire de la peine,
Accepte-les quand même ; elles sont peut-être une graine
Qui fleurira dans ton inconscient intemporel
Qui sait aussi bien glorifier les vers que pleurer le deuil
du ciel.

Vale, Primus Amor

Nous étions si jeunes la première fois que nous nous
sommes rencontrés
Tu nous as acheté un paquet de ces choses qui craquent
Sous la dent. Le sourire aux lèvres, le cœur léger
empreint de cette générosité
Que tous te connaissent, ce cœur imperméable au trac.
Nous nous sommes assis sur le rebord d'une fenêtre,
Seuls au monde, et avons discuté comme font les
enfants :
Ni timidité, ni crainte ; juste l'innocente joie d'être.
Ton humour déjà palpable en ces instants
A dû avoir raison du mur de mon cœur.
Ce jour-là, quelle joie ! quel bonheur !
Pourtant, par le Ciel, je ne regrette pas le passage du
temps.

En effet, je préfère une aigre réalité au confort d'un doux
songe ;
La vérité, même douloureuse, nous nourrit ; le mensonge
nous ronge.
Les années ont passé et chacun de nous a changé,
Mais, malgré les doutes et les conflits qui n'ont pas
manqué,
Le sortilège ne s'est pas évanoui,
La flamme de mon cœur s'est, au contraire, épanouie.
Et comme, par le Ciel, j'ai essayé d'y résister !
Mais ton visage, et ta voix, et ton caractère, ont continué
à me charmer.

Et maintenant, tu débarques de je ne sais où,
À la fin du jour, quand je ne t'attends plus.
Mon cœur se glace, mais mes gestes sont ceux d'un fou,
Et, devant le sourire et les façons de son élu,
Ils trahissent mon rêve d'enlacer ton cou,
De couvrir de baisers tes mains, tes joues.
Pourquoi, par le Ciel, es-tu venu aujourd'hui ?

J'aimerais tellement avoir le temps
De discuter avec toi, sans interruption,
Prendre ton beau visage entre mes mains avec
précautions
Et me perdre dans tes yeux brillants.
Mais, jamais nous n'avons ces moments ;
Nous ne nous voyons qu'en foule et pour un instant.
J'ai tant de choses à te dire, c'est mon vœu le plus
précieux,
Mais je crains que ce temps ne soit pas sous ces cieux.
Pourquoi, par le Ciel, es-tu si près mais loin ?

Les choses ne sont plus ce qu'elles étaient ;
Nos cœurs ne sont plus si innocents ;
Nos discussions dont mon cœur languissant
Fantasme, nécessitent un cadre désormais.
Je déplore aussi le retard de mes yeux,
Car, aux tiens, je ne suis plus un objet si précieux.
Pourquoi, par le Ciel, l'as-tu préférée à moi ?

Mais ne t'inquiète pas pour moi, Ô ami bien aimé,
Mon cœur, même mouillé de larmes, sait comment se
soigner.

Il m'a montré en son sein un agréable refuge dont j'étais
inconsciente,
Où d'autres formes de flammes, saines pour lui, sont
abondantes.
Seigneur de l'Azur, comme je vous en suis
reconnaissante !

Mon cher ami pour lequel j'ai soupiré longtemps à son
insu,
J'ai compris ce que bien avant ce jour j'aurais dû :
Tu ne m'aimeras pas d'amour, pas ainsi,
Bien que longtemps j'ai rêvé que tu m'aimasses aussi.
Je te suis reconnaissante pour ces années de partage,
Pour avoir cru en moi avec tant de courage,
Mais je comprends désormais et j'accepte que tu n'es pas
celui
Dont me destine le Dieu et qui fera battre mon cœur le
jour et la nuit.

Tu resteras pour toujours un ami précieux,
Mais nous ne pouvons aller au-delà, aux dires des Cieux.
Je vous souhaite la paix de Dieu à toi et à l'élue de ton
cœur.
Un jour, s'il plaît au Seigneur, je connaîtrai moi aussi ce
bonheur.
Aujourd'hui, malgré les retours que j'espère temporaires,
Je suis prête à aller voir ce qui, ailleurs, peut me plaire.
J'ai appris, grâce au Ciel, que le monde peut être beau
sans toi.

J'ai franchi le fleuve

J'ai franchi le fleuve,
Je vais remplir l'épreuve ;
L'horizon de mes rêves à un pas
Avant de rencontrer le trépas.

Un vieil ami m'a soufflé à l'oreille
De rester au pays de l'éveil,
De ne pas retourner à la torpeur,
De ne pas céder à la peur.

Et mon cœur au rythme du sien bat
Comme font les tambours au combat ;
Il sait comme la raison
Que c'est la fin de la jeune saison.

Combien de printemps, ô Cœur !,
M'as-tu caché ce bonheur ?
J'ai fait deux grandes découvertes
Au prix d'une oisiveté parfaite.

Je ne serai pas passive, non,
Le cœur est ami de la raison.
Je servirai le Seigneur plein de bonté
Et attendrai de rencontrer mon bien-aimé.

Je perdrai des êtres chers,
C'est mon histoire, pas la leur.
Mais, de grâce, gardez-moi du sommeil
Qui m'incite à me contenter du seuil.

Comme il est bon d'être soi,
Quel bonheur de ne pas rester coi,
De dire les mots si violents mais utiles
Qui rendent la peur entêtée futile.
J'ai été authentique en présence d'êtres chers
Et vaincu l'hypocrisie qui habituellement me perd.

Je sais qui je suis, Seigneur,
Je quitte l'égoïsme des pleurs,
Mais soutenez mon cœur, ô Dieu omnipotent,
Que la volonté ne me quitte en tanguant.
Des Cassandre sur ma route,
Que leurs dires ne sèment le doute
Dans mon esprit qui, désormais, voit avec clarté
Ce pourquoi la graine a été semée.

Et mon cœur au rythme de celui du Modèle bat
Comme font les tambours au combat ;
Il sait comme la raison
Que c'est la fin de la jeune saison.

Ils disent au revoir à la nuit

Pour S. K. S., notre amir *bien-aimé*

Ils dorment plus tard et moins longtemps,
S'infligent des privations des jours durant,
Se coupent du contact des personnes éloignées,
Pour se recentrer, respirer, s'aligner.

Les sages anciens les regardent amusés
Et, de leurs yeux où luit l'expérience des années,
Se reconnaissent en eux par-delà le temps qui fuit,
Et pensent : « ils disent au revoir à la nuit. »

Une fois le confort du sommeil délaissé,
Parce qu'ils voient désormais avec clarté
Leur mission dans cette vie,
Ils n'épargnent pas le temps ni ne cèdent à l'envie ;
Ils ne limitent pas la dépense
Quand elle leur permet d'acquérir plus de science.
Ils comprennent de tout leur cœur
Quelles activités sont pour leur malheur
Et lesquelles les rapprochent du but
Pour lequel chaque jour désormais ils luttent.

Les sages anciens les regardent rassurés
De leurs yeux qui savent que l'avenir est assuré
Par Celui qui, par amour, leur a enseigné ce qui suit :
« Pour vivre pleinement, il faut quitter la nuit. »

Quoique leur cœur flanche quelques fois,
Et qu'ils relâchent un peu de leur contrôle de soi,
Ils reviennent plus forts, leur vision confirmée :

Ils sont sur la bonne voie et sont prêts à l'assumer.
Tant qu'ils gardent en mémoire la raison du réveil
quotidien,
Leur temps de repos est pour leur bien,
Ils savent le limiter et refuser fermement les excès
Même quand ils sont suggérés par les êtres aimés.

Les murs, témoins de leurs nouvelles occupations,
Et qui les voient se démener chaque jour avec passion,
Rejoints par le livre, et la plume, et le crayon rient:
« Ils ont dit au revoir à la nuit. »

Tourment d'un dormeur éveillé

Demi-tour vers la gauche, demi-tour vers la droite ;
Ma lassitude est grande ; ma couche trop étroite.
À quoi ai-je occupé mes journées dernières ?
Que ferai-je de celle qui leur est prématurément
derrière ?
Mon corps est brûlant, lourd, paresseux ;
Mon lit est trop chaud, douillet comme les cieux.
Comme il est insupportable de dormir éveillé !
Le sommeil vous accable, mais vos yeux refusent de se
fermer !
À quoi ai-je occupé mes journées dernières ?
Que ferai-je de celle qui leur est prématurément
derrière ?
Étudié ceci, étudier cela, me tourner,
Me retourner, le corps las, l'esprit à demi éveillé.

Puis, l'illusion du sommeil me leurre :
Je ne dors qu'une seconde alors que je rêve d'heures.
Quitter ma couchette ou continuer ces va-et-vient ?
Partons plutôt, corps de plomb et esprit qui ne se fixe sur
rien.

Comment occuper l'intermède entre la nuit et le jour ?
Le corps s'éveille, mais l'esprit est cotonneux à son tour.
La tête me pèse, mes bras sont encore engourdis.
Commencer le jour ou retourner à la nuit ?
Quel bonheur une journée commencée si tôt !
Mais mes gestes sont ceux d'un ivrogne ou d'un sot.
Adieu habitude des dirigeants vainqueurs !

Mon corps est assiégé par l'éveil et la torpeur !

Ni le crayon, ni le livre n'ont su de la veille triompher.
Allons méditation ! mouvements ! plume ! Implorons
Morphée !
Comment le sommeil m'a-t-il gagné les jours
précédents !
Ah ! Connaître ce secret et me libérer de ces dents !

Attendre encore un peu

- Corbeau : C'est bien qu'il soit parti, n'est-ce pas ?
- Jument : Hmm…
- Corbeau : Tu le vois au fil du temps…
- Jument : Oui, c'est une bonne chose. Seulement…
- Corbeau : hmm ?
- Jument : …
- Corbeau : …
- Jument : J'ai encore besoin de temps… pour vivre avec le corps et le cœur… ce que l'esprit sait.

Dis, nous retrouverons-nous à l'horizon ?

Terre : Ciel, je t'aime.

Ciel : Terre, moi aussi je t'aime.

Terre : Mais, n'entends-tu pas le bruit des vagues de l'océan entre nous ?

Ciel : Leur rugissement est assourdissant.

Terre : Quand tu n'es pas là,

Ciel : Elles bruissent à me rendre sourd.

Terre : Mais quand je suis auprès de toi,

Ciel : Quand je m'émerveille de ton flanc arc-en-ciel,

Terre : Quand je vois le bleu de ton manteau se mouvoir lentement et se parer de blanc,

Ciel : Tout n'est plus qu'harmonie,

Terre : Que fusion infinie,

Ciel : Que silence.

Terre : Mais… elles sont toujours là…

Ciel : Les vagues.

Terre : Elles n'étaient déjà plus, quand nous nous sommes découverts

Ciel : Car elles ne seront plus,

Terre : À l'horizon

Ciel : Mais c'est si loin

Terre : L'horizon !

Ciel : Certes, mais si nous sommes patients,

Terre : Si tel est le décret de Celui qui lie

Ciel : Et délie

Terre : Nous serons à nouveau réunis

Ciel : À l'horizon.

Amour de soi

Ta présence m'est agréable,
Ton existence est souhaitable.
Prends donc, ma chérie, le cadeau de mes vœux ;
Qu'ils soutiennent ton cœur et ton pas au mieux.

J'accompagnerai ton rire sans gêne aucune
Et te consolerai tendrement dans l'infortune.
Je te tiendrai la main pour te rassurer
Quand ton avancée se trouvera malaisée.
Je te défendrai quand tu subiras une offense,
Avec fermeté, bien que sans violence.
Je me réjouirai avec toi dans tes succès
Et t'exhorterai à l'endurance pendant la traversée.

Accroche-toi donc à la vie, elle n'est pas éternelle ;
Je t'assisterai, tu ne seras plus jamais seule.
Compte-moi parmi tes alliés indéfectibles
Par les jours de joie et par les plus pénibles.
Je ne te délaisserai plus par crainte de la honte
Et ne fuirai plus la vie qu'il faut que tu affrontes.

Donne-moi une nouvelle chance, Ô Âme bien-aimée,
Et faisons face à la vie, ensemble, tenace, sans trembler.
Je t'aime pour toujours, mes efforts en font foi ;
Je ne veux plus jamais vivre sans toi.

Le long terme

Un jour, assise à l'endroit où je ne veux pas être,
Mais où j'aurai, sourde, travaillé à paraître,
Les larmes de mon cœur serré, plein de regrets,
Jailliront à l'extérieur sous la forme de quelque plaie.

Que je me l'avoue ou me le cache obstinément,
Le temps passera et ce moment viendra
Où l'avenir, inconnu aujourd'hui, sera mon présent,
Tout comme le futur du passé est cet instant que je vois.

Amie du devenir qui occupe mes pensées,
Ton présent est-il plein de larmes ou est-il joyeux ?
Ai-je eu le courage d'être sourde, mais humiliée ?
Ai-je pris les rênes de ce temps que je vois de mes yeux ?

Comme le cœur sait ce qui viendra et ce qui a passé son
heure,
Je me détourne fermement des savants malheureux
Qui ne peuvent qu'ignorer un combat qui n'est pas le
leur
Et l'avenir sombre que je redoute s'éloigne de mes yeux.

Tuer le Père

Personne n'a des mots qui frappent comme les tiens ;
Ils écrasent, ils suppriment les miens.
Ta colère est la mienne, ta joie, de même ;
Je te hais, Père, et comme je t'aime !

Faire des choses, me priver de certaines
Pour te plaire, ne pas te décevoir,
Tout mais ne pas te voir hocher ta tête
Pleine de certitudes, tout mais ne pas me croire
Capable des seules choses que tu as décidées.
Et moi ? Papa, et moi qui suis-je ?
Tu anéantis même l'existence de mon avis, comme rien,
éludé.
Qui es-tu, Père, pour que, quand tu parles, tu obliges
Toute idée opposée à la tienne de traverser
La sainte limite de la contradiction ?
Pour quoi donc, ô Père, en ta présence, se tait ma raison ?
Par quels moyens, Papa, il me semble déplacé
De même seulement penser à m'opposer à toi ?
Le père est sage, expérimenté, il est la loi ?

Ta position par rapport à la fille est-elle la même que
celle par rapport au fils ?
Me révolter, prendre position pour moi-même, est-ce la
manière du vice ?
Ce n'est ni par orgueil, ni par condescendance que je te
questionne.
Apprends-moi, Père, comment, en ce monde, on se
positionne.

Quand l'enfant peut-il faire ses choix
Même s'ils sont contraires à ceux souhaités par le Père ?
Ce moment existe-t-il, dis-moi ?
Ô je ne me réfère pas aux règles qui prétendument
libèrent
Et qui, en réalité, nient l'essence même de la liberté,
Car celle-ci n'a de sens que parce qu'existent les limites.
Non, Père, apprends-moi comment il faut se comporter
Selon les lois qu'appliquaient Celui qu'on aime et qu'on
imite.

Mais voilà, Père, se pose une question :
Est-ce à toi de répondre à mon interrogation ?
N'es-tu pas aussi aveuglé que je le suis ?
Je veux grandir et toi tu veux me protéger à tout prix ?
N'as-tu pas perdu, dans l'aventure, la notion
Que c'est la fonction du Seigneur et non la tienne,
Qu'il est un moment où après tes précautions
Et tes mises en garde, il faut partir pour que je devienne ?
Me tromper, peut-être, mais enfin, apprendre !
Père, je veux apprendre, je veux voir de mes yeux
Le monde et ses habitants, et non plus attendre
Que tu me tiennes la main en tous les lieux !

Le desserrement se doit d'être réciproque : je laisse
l'imprudence,
Tu me prêtes l'oreille sincèrement ; tu m'apprends la
confiance
Et relâches quelque peu la bride, bien qu'à contrecœur,
Car je sais, Père, que tu ne veux que prévenir le malheur.

Père, tu ne seras pas toujours à mes côtés,
Cette réalité je l'ai déjà expérimentée ;
Il me faut désormais apprendre à avoir confiance
En moi-même, en mes idées, en mes alliances,
Je ne veux pas regretter d'avoir vécu à moitié
Parce que mon père je voulais contenter
Lors même que parfois j'étais sûre de mon choix,
Que je voyais comme le jour à quoi je devais prêter foi.

Père, qui me dira l'équilibre qu'il faut avoir en cette
matière ?
Qui me dira à quel moment il me faut t'écouter et me
taire ?
Et à quel moment il me faut t'affronter et réfuter
Tes arguments et sur les miens camper ?
Je crains que celui-là ne soit Dieu.
Alors je prie, je supplie les Cieux
De m'ouvrir les yeux, de m'ouvrir le cœur.
Je veux vivre comme les vivants avant l'Heure,
Mais je ne veux en rien manquer de respect à mon père,
Et je ne veux pas me tromper en croyant faire
Ce qui est le mieux pour les autres et moi-même,
Et me jeter à bras le corps dans d'évitables problèmes.

Père, peut-être ai-je trouvé la solution :
Il nous faut écouter et le cœur et la raison.
Tu ne connais pas plus que moi le futur ;
Elle se répète, certes, mais elle change, la nature.
Il me faut croire en ma propre réflexion, bien que jeune,
Mais, tant que je t'ai encore auprès de moi, il faut que je
jeûne,
Et ma superbe et ma fougue, que j'apprenne de la science

Des années, et porte foi en ta bienveillance.
Mais même avec toutes ces précautions,
Des problèmes plus ou moins graves viendront
Sur mon chemin et sur celui de ceux qui me sont proches.
Alors je cesse la rage et j'abandonne les reproches.
Le nombre des années m'apprendra à détecter
Le moment de me taire et celui de t'écouter.

Dieu, par ses obstacles, saura m'éprouver et
m'apprendre,
À vivre comme les vivants sans jamais me rendre.
Il m'enseignera à marier ce qui pense et ce qui espère,
Et un jour, sans le savoir, j'aurai tué mon Père.

Te dire adieu au printemps

Je te regarderai,
Passé,
Tu ne me fais plus peur.
Et je te parlerai, je t'écrirai ;
Tu ne me fais plus peur.
Tu t'acharnes à coups de doux souvenirs, de souvenirs
édulcorés ;
C'est parce que tu agonises.
Quand tu ralentis mes pensées, que tu alanguis mon
corps,
C'est parce que tu sais, tu le sais :
Tu n'en n'as plus pour longtemps.

Mais tu me défais encore, ô période sournoise ;
Tu insuffles toujours de la colère en moi,
Et je m'écrie encore en entendant ton nom.
Est-ce de mes larmes, insatiable, que tu veux te repaître ?
Nulle crainte, en ce cas : elles noient tout mon être.
Mais, n'arbore pas trop vite des airs de vainqueur,
Car tu sais, tu le sais, n'est-ce pas ?
La colère et les larmes sont un passage sur la voie de la
guérison,
Comme l'incrédulité, la douleur qui ronge mon ventre,
Le poison de l'absence.

Arme-toi donc, je m'armerai aussi :
Je te regarderai, te parlerai
Encore et encore et encore
Jusqu'à ce que, dans deux ans, dans dix ans,

À ton évocation,
Mon cœur et mon esprit, toute mon âme
Exhale l'air frais d'un matin calme.

La métamorphose

Cheminer

Cheminer dans la douleur
Cheminer dans le bonheur
Simplement cheminer

Cheminer avec soi
Auprès de ceux qui nous aiment
Et de ceux qui ne nous aiment pas

Une fois sa voie trouvée
Accepter chaque jour
Le cheminement

Je t'aimerai,
Cheminement ;
Tu es la voie de la vie

Je te poursuivrai,
Cheminement,
Malgré mon cœur et mon ventre à l'agonie

Douleur de l'échec,
Tu es le rappel de la voie
De l'humilité

Compassion,
Tu es l'eau qui désaltère
L'assoiffé qui chemine

Aube

Le début d'une nouvelle vie implique des portes closes ;
Après les adieux, le voyage continue pour ceux qui
l'osent.
L'espace qu'occupaient ceux que l'on chérissait
Est comblé par de nouveaux liens et par ceux délaissés.
Et le cœur qui se fige d'incompréhension
Se laisse porter par le chant de la raison :
« Pour vivre comme les vivants avant l'heure du trépas,
Il faut laisser partir ceux qui ne sont déjà plus là. »

L'enfant doit quitter le monde qui le protège pour naître
Comme ses parents ont sacrifié leur solitude pour qu'il
puisse paraître ;
L'amoureux du voyage doit se détourner des rivages
connus
Pour pouvoir rejoindre les lieux où il est attendu ;
La jeune fille doit se détacher des bras qui l'ont bercée
Pour, la main de l'être aimé, pouvoir embrasser.
Il faut laisser partir les bons moments quand arrive leur
fin
Pour ne pas passer la vie à rêver en vain.

Alors, Cœur chéri qui souffre avec moi,
Laisse partir celui qui suit sa propre voie.
Tu pourras continuer ton propre cheminement
En libérant le compagnon d'un temps.
Tu as proposé tes projets au Seigneur,
Et il les a remplacés par ce qui est meilleur.

Il est l'Omniscient qui veille sur toutes les âmes ;
Suis donc sa lumière sans l'accabler de blâme,
Et laisse-le te consoler pour l'espoir déçu
Pour que tu vives pleinement avant l'heure inconnue.

La suite de la vie joue les chaises musicales
Avec le passé qui, déjà, pousse son dernier râle.
Vois comme il se débat à coup de souvenirs heureux
Pour ancrer ton pas dans un rêve pieux.
Sens la colère, laisse s'écouler la tristesse ;
Libère t'en, ô Amie qui pleure de détresse !
Mais quand, à l'aube, le changement tes yeux
embrassera,
Laisse partir ceux qui ne sont déjà plus là.

Humilité

Humilité,
Tu es la lumière qui éclaire
La voie de la progression

Des regards, des gestes
Accepter
La compassion

Dans la vulnérabilité
Garder toujours
La dignité

Accepter d'apprendre
Et toujours
Avoir soif

Avec patience et respect
Pour propager la paix
Accueillir

Amour de soi
Indispensable
Surtout dans l'échec

Prendre des risques
Insoumise
À la peur du ridicule

Accepter
Que tu n'es point
Infaillible

Se fondre dans le changement

Epouser le changement commence par le sien propre.
L'on voit un monde naître et l'ancien se rompre,
De vieilles croyances se fanent, et l'on se
métamorphose ;
Des épines apparaissent sur la tige d'une rose.

Je pleure pour les visages qui se dévoilent
Plus qu'un mélange de matières à la place d'une étoile,
Mais les yeux embués de larmes sont ceux d'un cœur
mûri ;
La rose fait face aux vents et s'accroche à la vie.

Des rêves longtemps nourris révèlent leur inanité,
Les liens se délient, les plus anciennes amitiés,
Mais le cœur qui regrette doit aussi s'avouer
Que les pétales de la rose doivent s'envoler.

Embrasser les souvenirs qui, nos cœurs, épuisent,
Aimer ce cheminement pour qu'il nous construise,
Sourire aux cieux nouveaux et à ses opportunités ;
Se fondre dans le changement est une nécessité.

Respect

Du lieu où tu parles
Venir à ta rencontre –
Humilité

Regarder à travers tes yeux
M'approcher de ton monde –
Curiosité

À travers tes yeux
Se dévoile
Un aspect inconnu du monde

Sans condescendance
Sans ironie
T'écouter

Le Seigneur te parle
À travers ses signes
Comme il me parle

Le langage, différent ;
Le message,
Le même.

Ne jamais se fier aux ombres

Une pensée m'a habitée, qui n'était que goutte ;
Elle est devenue lac quand j'ai fait fi du doute
Ensuite, elle a transcendé cette étendue d'eau
Pour devenir océan et accabler mon dos.

Pourtant, elle ne concernait pas que moi.
Mon cœur a conçu des impressions au fil de longs mois,
Il s'est pris à rêver de tendresse au-delà de l'amitié,
Les gestes les plus anodins, il les a mal interprétés.

Or, le monde intérieur est une oasis secrète,
Un refuge verrouillé où nul ne pénètre.
Alors, quand nous laissons libre cours à notre
imagination
Quant à la face du monde intérieur d'une autre personne,
Gardons-nous de nous obstiner dans nos suppositions ;
C'est là se leurrer que, pour ce privilège, le glas sonne.

En effet, à quelle vie se destine celui qui, à chaque regard
de défi,
À chaque remarque qui le décrie ou le magnifie,
Voit son jardin intérieur foulé au mépris de son bon-
vouloir,
Les impressions des autres tels des ordres péremptoires ?
Gardons-nous d'appliquer nos pensées aux autres âmes ;
Exhortons l'orgueil, présomptueux, à déposer les armes.

De fait, les raisons qui motivent une action sont légion ;
Pour connaître ce secret, risquons-nous plutôt à poser la
question,
Car les gestes et les mots sont semblables aux ombres,
Or tout oiseau qui vole n'est pas une colombe.

Amours à construire

Poème rédigé à l'occasion de la 25ᵉ année commémorative du
génocide perpétré contre les Tutsis en 1994

Mère, le soleil s'est levé comme à son habitude.
Je l'ai accueilli avec gratitude,
Car il m'a délivré des cauchemars accablants
Qui hantent mes nuits impitoyablement.
La sueur recouvrait tout mon corps au réveil,
Et, regardant mon époux encore dans les bras du
sommeil,
J'ai tâté frénétiquement mes membres et mon ventre
Et pensé : « Dieu ! Je suis toujours vivante » !
Pourtant, je me souviens encore de l'odeur du sang,
Des machettes qui vous ont emportés Père et toi, Maman.
Il n'y a plus de grands-parents dans nos familles,
Et les souvenirs des disparus, au fil du temps,
s'éparpillent.
Mais, alors que la douleur menace de me submerger,
Mon mari s'éveille, et nos doigts de s'entrelacer ;
Nos trois enfants aussi se joignent à la routine du matin,
Et le jour chasse la tristesse qui s'acharne en vain.
Cependant, c'est un leurre : elle m'accompagnera en
sourdine
Et s'assoira en bonne place à la table où l'on dîne.
C'est pour lui tenir tête que j'ai résolu de vous écrire :
Mère, nous avons des amours à construire.

Mon aîné est le fils du viol de mon enfance,

Mais, du haut de ses vingt-cinq ans, il clame son innocence :
« On ne choisit pas de naître, Mère »!
Puis, il est aussi mon sang et ma chair !
Et bien que quand je le regarde, je vois les traits du criminel,
Il a mon bras et le cœur de l'Eternel.
Mon ventre devient douleur au souvenir de la violence !
Et mon cœur n'est plus que larmes et intolérable souffrance !
Mais je ne veux pas perpétuer la faiblesse et nuire.
Mère, j'ai un amour à construire.

Ceux qui vous ont arrachés à moi ont purgé leur peine ;
Je les vois chaque jour où que je me promène,
Et les plaies oubliées s'ouvrent largement
Alors que je tente de m'accrocher au présent.
Les uns sont rongés par le regret, les autres perpétuent l'intolérance ;
Certains rêvent de vengeance, d'autres s'astreignent à l'endurance ;
L'on exige la justice pour arroser les graines du pardon ;
L'on affirme l'absence, l'inexistence de l'abomination.
Comment voir l'humanité de celui réduit à l'état d'insecte ?
Comment vivre avec celui qui a sauvagement recherché votre perte ?
Les enfants répètent les chants du deuil, la tête pleine de questions,
Alors que le bourreau et la victime cheminent sur la voie de la guérison.

Ils ne l'acquerront pas à travers les non-dits
assourdissants,
Car il n'y a point de raccourci pour atteindre
l'apaisement.
Il faut peindre, écrire, chanter l'incompréhension et la
douleur ; pas les fuir.
Mère, Ô Mère ! nous avons un amour à construire.

Des femmes et des hommes ont longtemps couché dans
des lits froids,
Et leurs enfants leur demandaient : « Pourquoi n'avons-
nous plus que toi » ?
Et alors ils pleuraient tous, veillaient les uns sur les
autres,
Et ne voyaient les disparus que sur les photos au-dessus
de l'âtre.
Mais après de longues années de larmes et de silence,
Des enfants jamais assez nombreux ont comblé
l'absence,
Et ceux qui ont blâmé Les Cieux pendant longtemps
Se sont réconciliés avec la vie, comme après le déluge
vient le beau temps.
Comment concilier les affres du passé et ce bonheur
inouï ?
Comment continuer la vie sans la bâtir sur les briques de
l'oubli ?
Aujourd'hui, l'amour veut défier les souvenirs les plus
éprouvants ;
Donner sa bénédiction ou bannir ses enfants ?
Il nous faut nos cœurs, d'un océan de courage, couvrir.
Maman, nous avons un amour à construire.

Les conséquences de l'horreur n'ont pas été que
psychologiques,
La maladie s'est propagée, et le handicap physique.
Les corps qui, autrefois, respiraient vigueur et santé
Se sont retrouvés rongés, estropiés ou alités.
Il a fallu redéfinir son identité, ses projets, sa place dans
le monde,
Travailler à ce que, dans le malheur, tout ne s'effondre.
25 ans plus tard, les vielles blessures ne sont plus des
inconnues,
Elles sont une partie de nous, cicatrices de notre vécu.
Certains jours elles sont si douloureuses, si pénibles !
Et certains autres, elles ne sont qu'un pâle reflet du
périple.
Nous nous astreignons chaque jour avec plus d'aisance
À ne pas réduire notre personne à leur seule présence.
Comment aimer notre nouveau corps et ne pas l'avilir ?
Mère, nous avons un amour à construire.

Maman, j'arrive à la fin de ma lettre aujourd'hui
Et, après t'avoir écrit mes peurs, je ne crains plus la nuit.
Les cauchemars ne me surprendront plus, je les
attendrai ;
Je ne les éviterai plus, je les regarderai.
Et, quand ils seront trop difficiles à supporter,
Je prendrai la plume et le pinceau pour les affronter.
Je danserai aussi et je chanterai toute la nuit
La beauté du présent et les souvenirs du temps qui a fui,
Mon incompréhension de la trahison des amis, des frères,
La perte de mes racines, de mes repères,
La difficulté de m'ancrer dans le présent, de pardonner,
Les réponses aux enfants impossibles à donner.

Mère, Ô Mère ! Prie le Seigneur avec moi !
Sur le chemin de la guérison, je tombe tant de fois !
Félicite donc mes frères et mes sœurs :
Ils gagnent chaque jour des mètres sur le malheur.
Nous avons des amours à construire et nous avons déjà
tant accompli !
Chaque jour de vie, de bonheur, d'amour, est un jour où
l'abomination plie.

La mer

Rugissement éclatant
Toucher d'une douce brise –
Les vagues

Place inchangée
Étourdie par les mouvements de l'eau
Immense

Mouvements du ventre et du cœur
Les vagues de la mer
Un seul corps

Absorbe mes souvenirs
Rugis ma douleur
Mer !

Nettoie la peine de mon cœur
Mer
Écrase-la de ton corps immense

L'eau se meut calmement
Tanguent les bateaux aux longs mâts
Paix

Bruit assourdissant
Douce sensation de froid –
La mer

Quelle que soit la force de leurs rugissements,
Elles viennent toutes se mourir à mes pieds
Les vagues

Tout l'Univers murmure ton nom

Mère,
Que vous dire ?
Je me sentais si seule,
J'ai pleuré toute la nuit.
Son nom est dans tous les noms.
Pourquoi ne puis-je l'oublier ?

Père,
Qu'y a-t-il dans le cœur des hommes ?
Comment le fait-on plier ?
Comment passer un autre jour
Sans voir son visage,
Sans entendre sa voix ?

Vent,
Il est absent.
Et le ciel que je contemple
Est aussi immense que ce vide.
Ne peux-tu emporter mes pensées de lui
Comme tu écartes un banc de nuages ?

Terre,
Je sens ton appui rassurant sous mes pieds.
Ne peux-tu porter un peu de ce poids sur mon cœur ?
Ne peux-tu envoyer les racines de tes arbres,
À travers mes veines,
Venir avaler cette peine ?

Je m'occupe comme je peux ;
Je ne peux l'oublier.
Mes pensées reviennent sans cesse
Au même visage,
À la même voix,
Au même nom,
À toi.

Bien que je t'aie trouvé

J'ai lancé au Ciel des prières silencieuses,
Ignorant qu'un jour je serais si heureuse,
Et c'est quand je ne m'y attendais pas
Que tu es apparu devant moi.

Tu étais là depuis longtemps, mais mes jours étaient bien
noirs,
Et, mes yeux embués de larmes, je ne pouvais
t'apercevoir.
Il me fallait faire face à mes plus vieilles peurs
Avant d'espérer retrouver la voie du bonheur.
Dans ce combat nécessaire, j'ai découvert la couleur de
mon âme,
Et c'est pour lui être fidèle que je ne puis succomber à
cette flamme.

J'ignore pour quelle raison Il t'a montré à moi
Puisqu'aussitôt réunis, Il nous éloigne déjà.
C'est que je ne puis oublier les nombreux dons du
Seigneur de l'Éther,
Ni, au détriment de la vie éternelle, choisir ces cieux
éphémères.

Aube qui m'était si douce et pleine de promesses,
Les distractions de la journée n'ont pas obscurci mes
yeux.
Il est Celui qui, dans mon cœur, a laissé entrer la
tendresse,

C'est à Lui que je dois celui qui m'est devenu si
précieux.

Seigneur, je ne me détournerai pas de vous ;
N'êtes-vous pas la source de tout ?
J'ignore pour quelle raison Vous m'avez montré son
visage,
Mais je sais qu'au bon moment, Vous me dévoilerez ce
message.
C'est à Vous que ce monde appartient,
Et, forte de ce savoir, je ne Vous préférerai rien.
De grâce, consolez mon cœur de Votre présence ;
De ce qui est à venir, Vous seul avez la science.
Je ne me détournerai pas de Vous après Vous avoir
retrouvé ;
C'est en Vous que doit puiser sa force l'âme éprouvée.

Aube qui m'était si douce et pleine de promesses,
Il m'est encore agréable d'admirer tes couleurs.
Il s'est éteint dans la nuit l'espoir de la tendresse ;
La préférer à ce prix eût, à terme, terni le bonheur.

Ami qui m'est si proche et éloigné en même temps,
C'est de solitude qu'il me faut m'abreuver pour l'instant.
Le but de notre rencontre est inscrit dans les étoiles,
Et le vent chante qu'un heureux avenir pour nos deux
âmes se voile ;
Bien que je t'aie trouvé, je vais te laisser partir ;
Vers Celui qui t'a mis sur mon chemin, je vais m'enfuir.

It was not you

A man with your features walked me by
I told him so; he asked me why.
"It's the form of your nose, the light in your eyes."
One hand holding his chin, he started to analyse
And said: "what if I move my head this way?"
I answered nothing and turned away.
If ever this stranger would call my name,
I know too well it wouldn't feel the same.

Personne ne te ressemble

J'ai croisé un homme aux traits semblables aux tiens
Je le lui ai dit ; il m'a demandé en quoi :
« C'est la forme de votre nez, la lumière que dans vos
yeux j'aperçois »
Il commence à réfléchir alors qu'une main son menton
maintient
Et me dit : « et si je porte ma tête comme ceci ? »
Je ne réponds rien et je m'en vais.
Si jamais cet étranger mon nom avait prononcé,
Je savais que mon cœur n'y aurait point réagi.

Promesse d'amour

Premier contact
Émoi
Tant de questions
Inconvenant
Débat du cœur et de la raison
Vérité future
Espérance de l'amour
Joie du présent
Quelle que soit l'issue,
Reconnaissante

Pensées assiégées
Se rappeler la réalité
Ami indéfectible
Choix d'entreprises
Ou de leur absence
Sourire timide
Soupir face à l'absence
Amours autres, profonds
Quelle que soit l'issue,
Libre

La toile du destin inconnu
Se tisse
Les yeux qui voient
La contemplent
Et se rient
Des cœurs aveugles
Vitalité et espoir

Jeunesse
Quelle que soit l'issue,
Heureuse

Solitude

Accepter un rejet
C'est accueillir la liberté de l'autre
Et ouvrir la voie à notre propre liberté

La liberté
De reconnaître
Qu'on a besoin des autres

La solitude
Est un choix ;
Garde-toi de t'y enfermer

Âme en solitude,
Fais donc de tes moments d'isolement
Des moments de pleine connexion

Plutôt être seule
Qu'être auprès des autres
Rongée par la solitude de ne pas pouvoir être soi

Sois seul et tu souffres ;
Noue des liens artificiels
Et tu souffres

Écoutant une musique inhabituelle
Dans un lieu étranger,
Je me perds dans l'inconnu pour mieux me connaître

Âme en solitude,
Fais donc de ta présence
Un paradis

Je suis une montagne

Affronté les affres du passé
Passé porte désormais mon amour
Amour et haine ne souffrent, ni Temps, ni Lieu
Lieu changé m'a enseigné la loi pour tout
Tout est dans la pensée où que l'on demeure
Demeure aux frontières illusoires qu'est ce monde
Monde fait de mues et non de réelles fins
Fins arrosées de larmes ouvrent la porte à une nouvelle
vie.

Ancrée dans le roc quoique transformée,
Je retourne à la Source pour reconquérir ma liberté.
Tant que mes veines charrieront l'eau ardente des
vivants,
Je ferai fleurir Ses dons innombrables.
Ses épreuves sont autant de dards susurrant à mon
orgueil que
« L'invisible est immense ; l'apparent insignifiant ».
Alors, je contemple en silence le tourbillon bruyant ;
Quand l'extérieur s'écroule, l'intérieur ne branle pas.

Je suis une montagne.

La vie de papillon

Solitude won't do it any longer

Ci-dessous, la traduction en français

I spoke, but I couldn't say everything that I wanted to
I spoke anyway
I couldn't hear all the things you had to say
When you said them
I heard your words when you were far away
I still want to speak to you always

I think that I have learnt the lesson now and that I
understand
You teach me that I have still a long way to go
What seems tiny is gigantic
What seems ugly is splendid
What I think I know is what I don't know
What I think I can't see is what I see best

What I did, I shouldn't have done it
Nonetheless, I had to do it
For I see now what I wouldn't have seen
Had I not done what I did
My world is wider and richer now
Sometimes so much that I feel overwhelmed
I keep exploring anyway

You try to take my hand
To make me speak
To make me open windows for you that I keep shut for
others
To make me have faith in the good
In you
I run away

But I miss it when you don't try

I explain my point
With words that come from my heart
I have the impression that you don't get them
They make you angry, they make you uneasy
It hurts me to hurt you
But I can't even dream of stopping saying them
For I know that you saw a part of me
My silence alone could not show
A part of me I otherwise wouldn't have known

I want imperfect love
I want friendships where I can't speak everything out
I want family that I love from afar
I want a love that wears masks
I want relationships that make my heart yearn and bleed
I want loved ones to which I wish the best though all I
can offer is prayer
I want silences and misunderstandings
I want what I disagree with
What makes me uneasy
What makes me cry
What makes me furious
What makes me feel
The real
I want the real
I want the messy, a complete mess
If that's what it means to speak with true humans
That is exactly what I want.

La solitude ne me suffit plus

J'ai parlé mais je n'ai pas réussi à tout dire
J'ai parlé quand même
Je ne pouvais comprendre ce que tu avais à me dire
Au moment où tu me l'as dit
J'ai entendu tes mots quand tu étais déjà loin
Je désire quand même pouvoir toujours te parler

Je pense que j'ai retenu leçon, que j'ai désormais compris
Tu m'apprends qu'il me reste encore énormément à
apprendre
Ce qui semble minuscule est gigantesque
Ce qui semble laid est sublime
Ce que je pense savoir, c'est ce que j'ignore
Alors que ce que je pense ignorer, c'est ce que je connais
le mieux

Ce que j'ai fait, je n'aurais pas dû le faire
Cependant, je devais le faire
Parce que je vois désormais ce que je n'aurais pu voir
Si je n'avais pas fait ce que j'ai fait
Le monde me semble plus vaste et plus riche désormais,
Tant, que parfois je me sens submergée
Je continue quand même à l'explorer

Tu essaies de prendre ma main
De me faire parler
De m'inciter à t'ouvrir des portes que je clos aux autres
D'avoir foi en le bien
En toi
Je m'enfuis
Mais cela me manque quand tu n'essaies pas

J'explique mon avis
À l'aide de mots qui viennent de mon cœur
Mais j'ai l'impression que vous ne les comprenez pas
Ils vous exaspèrent, vous mettent mal à l'aise
Cela me blesse de vous blesser
Toutefois, je ne peux même songer à cesser de dire ces
mots
Parce que je sais qu'ils vous révèlent une part de moi
Que mon seul silence n'aurait pu vous faire découvrir
Une part de moi que moi-même, sans cela, je n'aurais
découverte

Je veux un amour imparfait
Je veux des amitiés où je ne peux tout dire
Je veux une famille que j'aime de loin
Je veux un amour où l'on se dissimule l'un à l'autre
Je veux des relations qui font souffrir et saigner mon
cœur
Je veux des proches auxquels je souhaite le meilleur sans
rien pouvoir leur offrir d'autre que mes prières
Je veux des silences et des malentendus
Je veux ce avec quoi je ne suis pas d'accord
Ce qui me met mal à l'aise
Ce qui me fait pleurer
Ce qui me rend furieuse
Ce qui me fait ressentir
Du vrai
Je veux du vrai
Je veux le désordre, un désordre complet
Si c'est cela qu'il en coûte de parler à de véritables
humains
C'est exactement cela que je veux.

Les trois dimensions du temps

Doucement, tu berçais mes pensées
Alors que je songeais à l'amour perdu
Un amour qui n'a peut-être jamais été
Des pensées, songes d'un instant suspendu.

La toile du destin inconnu se tisse
Ni mes larmes, ni ma joie ne l'épuisent.
Elle lie et dénoue au gré de nos choix ;
Saluer, dire adieu, un million de fois.

Heureux celui qui sait qu'il existe trois dimensions au
temps.
Aide-moi, Plume, à laisser l'une où elle est restée ;
À construire la deuxième lentement, fermement ;
À accueillir la troisième, le cœur gorgé de liberté.

La toile du destin inconnu se tisse
Ni mes larmes, ni ma joie ne l'épuisent.
Elle lie et dénoue aujourd'hui, demain, depuis si
longtemps !
Cœur, accroche-toi donc à Celui qui connait les trois
dimensions du temps.

Le destin et les signes

Sachant que tu m'offriras la réponse
Au moment opportun,
Je laisse s'écouler la peur et j'avance

Chemin entamé inconsciente
Je te poursuis en conscience
Choix

Chemin de ma vie
Ligne tracée depuis longtemps
Depuis toujours

Lumière intérieure
Qui éclate au dehors
Tels les rayons du soleil

J'ignore où je vais
À quoi ressemblera demain
Avancer, toujours

J'ignore où je vais
À quoi ressemblera demain
Avancer, simplement

Chaleur dans la poitrine
Onde au creux du ventre
Certitude

Deux rythmes

La rivière coule, tranquille ;
Elle emporte mes pensées avec elle.
Il te faut quitter le lieu de nos retrouvailles
De peur que le regret de tes projets ne te tenaille.

Préoccupé par tes nouvelles occupations, tu m'oublieras,
Mais, ni mes jours, ni mes nuits tu ne quitteras ;
C'est le sort de ceux qui restent quand les autres s'en vont.
Les uns perpétuent les coutumes en rond,
Les autres poursuivent leur vie sur une autre cadence
Quoique, au souvenir de la maison, leur cœur est en souffrance.
Cependant, cette impression d'inertie est un leurre,
Tous les lieux se transforment, et tous les cœurs.

Cher ami qui a pour un temps partagé cet entracte,
Demeure donc sur ta route, prends garde !
Car il est des plaies qui, les années passant,
Ne peuvent être fermées par de tendres sentiments.
Et la joie de ceux pour qui l'on reste
Se ternit chaque fois que l'on peste
Parce que, connaissant un ailleurs,
On a posé ses valises dans l'espoir du bonheur.

Les poissons dansent dans l'eau claire,
Les oiseaux brisent le silence de l'air,
Les branches des arbres verts répètent :
« Ô comme j'aimerais que tu restes ! »

Premier amour

Premier amour,
Je t'ai idéalisé
Et ne t'ai jamais vraiment connu

Premier amour,
Mes choix ne s'évaluent pas
À ton approbation

Premier amour,
Plus je deviens moi-même
Plus la distance entre nous s'étend

Premier amour,
J'ai appliqué une image sur toi
Et ne t'ai jamais vraiment connu

Premier amour,
Tu as appliqué une image sur moi
Et ne m'a jamais vraiment connue

Dis-moi, Premier amour,
Nous retrouverons-nous
À l'horizon ?

Premier amour,
À quoi ressemblera la vie
Sans toi ?

Le savais-tu, toi ?
Tu es mon premier amour
Pas l'amour de ma vie

Amour de mon enfance,
Je dois te laisser partir
Pour suivre mon chemin

Premier amour,
Je t'aime depuis le premier jour
Toi, tu ne m'aimes pas d'amour

Premier amour,
Je t'aime depuis le premier jour
Je t'aimerai toujours

A l'ombre du palmier

Chante pour moi quand nous nous croiserons à l'aube ;
Je serai si épuisée que je ne pourrai faire ce qui
m'incombe.
Quand tu verras que je me repose à l'ombre du palmier,
Tu prépareras pour moi un verre de lait caillé.
Je te raconterai alors les raisons de ma lassitude,
Et tu riras de moi et me diras candide.

Tout qui voit, en effet, aurait pu prévoir le départ
inéluctable
De ceux à qui notre présence n'est plus agréable.
Tout qui entend aurait perçu le changement d'inflexion
Dans la voix de ceux qui n'ont plus d'affection.
Et tout qui est attentif au mouvement des corps
Aurait décelé, en les nôtres, un manque d'accord.

Mais l'on ne perd pas la présence de ceux qui nous
quittent ;
On gagne leur absence que depuis longtemps on regrette.
Quand, plus tard, je serai toujours assise sous le palmier,
Viens me prendre la main pour me réconforter.
Écarte les branches de l'arbre, si je me montre
inconsolable ;
Fais-moi voir les rayons du soleil, qui flamboient,
infatigables.

Chante pour moi quand nous nous retrouverons à la fin
du jour ;
Je serai si heureuse que je chanterai à mon tour.
Tu me verras alors quitter l'auvent qui m'abritait
Et t'apporter à boire une chaude tasse de thé.
Je te conterai alors le laborieux cheminement
De ceux qui préparent l'avenir moment après moment.

Tawaqul *ou se mettre sous la protection de Dieu*

Seigneur tout-puissant,
Enseigne à ta servante
L'humilité

Seigneur tout-puissant,
Garde-moi d'oublier ton nom
Garde-moi de t'oublier

Seigneur tout-puissant,
Prends soin de moi
Jusqu'au jour où je te reviendrai

Seigneur mon Dieu,
Préserve-moi de l'orgueil
C'est toi seul que j'aspire à servir

Rêves et espoirs

Chaleur irradiante -
L'Univers entier qui murmure :
« Tu as trouvé ta voie » !

Sur le chemin de nos rêves,
Marcher à petits pas
Avec constance

Sur le chemin de nos rêves,
Avoir l'humilité de dire :
« J'ai besoin d'aide »

Rêve de ma vie,
Tu es la lune qui éclaire mes nuits,
Le soleil qui m'illumine le jour

Rêve de ma vie,
Tu consoles mes pleurs
Et tu les causes

Cheminant sur la voie que je m'étais fait,
J'ai trouvé la voie
Qui était faite pour moi

La lune de ce soir

Quand la lune est ronde et blanche dans le ciel nocturne,
Que nul bruit ne rompt ce tableau serein
Sinon quelques voix dans le lointain,
L'être humain est seul avec lui-même.

C'est l'heure où les amoureux du recueillement
S'appuient sur le rebord de la fenêtre, et rêvent ; ·
Où la femme enceinte sourit à la nuit,
Une main tendre sur la sienne ;
Où le poète rédige ses dernières créations
De crainte que sa mémoire ne le trahisse au réveil ;
L'heure où les amants soupirent d'aise et s'effondrent
Dans les bras du sommeil.

La lune de ce soir est douce, mais des nuages la font
frémir;
Je crains pour demain et n'arrive point à m'endormir.
Aurai-je la patience d'attendre le temps qui dévoile
Ce qu'aujourd'hui dissimulent les étoiles ?

Mes yeux quittent le ciel constellé
Pour retrouver la nuit de ma chambre,
Et, doucement, ils se ferment.
Je reviens à moi-même, au moment que je vis,
Et alors, je me souviens.

Je ne suis jamais seule, tu es toujours là près de moi,
Illuminant les recoins sombres de toutes les pièces,

De tout l'Univers.
Et tu veilles, et tu vois pour moi,
Et me chuchotes ce que je dois savoir
Au moment opportun.

Ma poitrine qui s'était serrée se dénoue ;
Je respire à nouveau.
Tu me portes, Seigneur.
Tu me portes, tu me guides
Et, quand le désespoir s'égare vers mon cœur,
Tu me murmures :
« N'aie pas peur, ma douce, ne crains rien.
Nulle obscurité ne peut faire vaciller ma lumière ;
Elle luit, inextinguible,
De l'intérieur. »

Réflexions et clés de lecture

Des flammes pour consumer la peur

Toute une histoire... de flammes

Il y a un an, par une nuit hivernale, j'ai éteint les lumières de ma chambre d'étudiante et allumé des bougies, un nouveau rituel avant d'aller me coucher que j'avais mis en place quelques mois plus tôt. Cependant, les choses ne se passèrent pas comme elles en avaient l'habitude. Un poids énorme encombrait ma poitrine, une sensation oubliée, un peu désagréable et douloureuse. Je ne pouvais pas aller me coucher. J'avais envie d'écrire.

Cependant, je ne savais pas ce que j'allais écrire. Cela faisait environ quatre ans que je n'avais pas pris la plume, moi qui depuis la sixième primaire passait mes journées à concocter des poèmes. Je vivais une des périodes les plus difficiles de ma vie. J'avais perdu des choses importantes pour moi, et la douleur due à cette perte avait été si forte que j'en avais été transformée. J'ai été obligée de faire face à de vieux démons et à m'avouer certaines vérités pas très faciles à entendre. Et peut-être ce soir-là, la douleur était-elle à son paroxysme ? Toujours est-il que je pris mon crayon, un cahier et composai « Des flammes pour consumer la peur », posant ainsi les jalons du projet ATSUTCHI.

J'ai écrit exactement ce que je ressentais ce soir-là. La douleur, l'incompréhension, mais aussi l'envie de vivre. L'espoir. Ce dernier est venu à moi dans un moment de détresse alors que je me croyais perdue et sans ressource.

À l'époque, j'avais nommé ces flammes « l'inspiration », parce qu'elles m'avaient permis d'écrire à nouveau. Aujourd'hui, je suis tentée de les appeler aussi « la force vitale », parce que, sans elles, je me serais laissé aller au désespoir et je serais certainement devenue une tout autre personne, une personne pas très belle à voir.

Le désespoir et les coups durs de la vie sont partagés par tous. Quant à moi, je suis désormais partisane de faire des mouvements inverses : de la pire des catastrophes, je crois aujourd'hui – et Dieu sait que ce n'était pas du tout le cas ce soir-là – que vont naître les plus belles choses. Parce que comme chacun sait, la fin de l'hiver – qui arrive toujours – annonce le printemps. Quelque chose d'absolument sublime est sur le point de voir le jour.

Lorsque je ne veux pas me lever, c'est exactement le jour de se lever. Lorsque je ne veux pas écrire, c'est le jour pour écrire. Lorsque je ne veux pas faire ma prière, c'est le jour où j'en ai le plus besoin. Lorsque je ne veux pas faire face à mes peurs, c'est le jour exact pour les affronter. Lorsque je ne veux plus vivre, c'est le jour parfait pour être en vie.

Et vous ? Quel nom donnez-vous aux flammes, à l'inspiration, à la force vitale lorsqu' elles viennent vous trouver ? Et que créez-vous grâce à elles ? Si jamais une bonne énergie comme celle-là vient à vous, vous la reconnaîtrez. Et surtout ne perdez pas espoir, essayez d'identifier vos véritables problèmes et cherchez des solutions. En effet, c'est pendant ce travail que les flammes viendront à vous. Pour le croyant, ne dit-on pas que lorsque vous faites un pas vers Dieu, il en fait dix ? Alors, lorsque ces flammes viendront à vous, accrochez-vous-y.

Moi, j'ai décidé de me jeter… au feu. Je m'embrase avec cette énergie vitale tant qu'elle continue à brûler. Alors, j'écris.

Des troncs pleins de larmes

Tenir bon, malgré les blessures

J'ai eu la chance que ma classe en deuxième primaire, au Rwanda, soit située juste en face d'un espace vert où s'élevaient plusieurs arbres. Leurs troncs étaient larges et longs, et j'étais absolument fascinée par le liquide couleur miel qui en était sorti par endroits et qui avait séché, arrêté dans sa course vers le sol par les rayons du soleil. Ce liquide – j'ignore si c'est moi qui avais inventé le surnom ou si quelqu'un, par ignorance ou par plaisanterie, m'avait dit que c'était cela son nom – je le surnommai « les larmes des arbres » parce que, sa couleur mise à part, il avait leur forme. C'est ce souvenir enchanteur qui m'a inspiré le titre du poème.

Ces troncs qui se dressent représentent la solidité, la stabilité, la ténacité. Les larmes (ou la sève des arbres) m'évoquent une double image : leur forme de larme, le chagrin ; leur couleur rouge-orangé, le sang et la douleur. Les « blessures » de l'arbre, d'où s'écoule le suc, représentent, quant à elles, les coups durs de la vie. Et Dieu sait comme certaines plaies peuvent être béantes, et combien elles peuvent faire couler des larmes et du sang.

Aujourd'hui, j'envisage aussi d'utiliser le terme approprié de « sève » pour désigner ce liquide nutritif. En effet, parfois c'est dans les blessures les plus douloureuses, dans les peines les plus insupportables que nous puisons la force d'entreprendre les plus grandes choses, ce qui nous donne la force de continuer à vivre.

Pour celui qui part, pour celui qui reste
Une fois que l'on prend conscience, choisir
D'abord, je tiens à signaler que ce poème s'adresse avant tout aux personnes qui, comme moi, souffrent ou ont souffert d'un manque de confiance en soi. Et c'est d'ailleurs à elles que je le dédie. J'ai écrit ce poème, car je voulais ancrer dans mon cœur ce que je voulais avoir en tête chaque fois que ma progression sur la voie de la confiance en soi serait malaisée. Et en parlant de progression…

Le titre de ce poème s'inspire du haïku « Pour celui qui part/ Pour celui qui reste/ Deux automnes » de Yosa Buson. Interprétant littéralement, on peut dire que Buson voulait faire remarquer que les saisons se vivent différemment selon l'endroit où l'on se trouve ; elles sont soit rudes, soit douces en fonction de notre contexte. Ou alors, elles se vivent tout simplement différemment.

Ce haïku évoque aussi en moi une interprétation moins littérale, et c'est elle qui est à l'origine de ce poème. Chaque fois je le lis, je pense au fait que, une fois que l'on prend conscience de quelque chose, soit on agit comme on le faisait avant la connaissance de cette nouvelle information, soit on adapte son comportement à ce nouveau savoir.

Dans mon cas, alors que je m'attelais à apprendre à mieux me connaître, j'ai réalisé que je manquais cruellement de confiance en moi, ce qui engendrait des difficultés dans mes relations et empiétait sur mon bien-être en général. Une phrase m'est alors venue en tête (après le haïku de Buson) : **« si tu gardes la même attitude que par le passé, tu auras exactement les mêmes résultats ».**

Je me suis, dès lors, promis que je n'épargnerais rien pour créer du changement dans cette dimension de ma vie où je boitais terriblement. D'abord à l'intérieur, puis à l'extérieur au besoin. J'ignorais que le cheminement serait aussi laborieux, mais il s'est également révélé gratifiant et apaisant. J'ai dévoré vidéos et livres sur la confiance en soi, et c'est un travail que je mène encore aujourd'hui. De plus, Dr Aziz Gazipura, mon meilleur coach, celui à qui je dois le plus grand changement et à qui je serai éternellement reconnaissante, dit toujours : **« confidence is a skill, the more you practice it, the better you**

become at it ». (La confiance [en soi] est une compétence ; plus vous la pratiquez, plus vous devenez meilleur.)

Le docteur Aziz m'a également fait réaliser que le moteur du changement, c'est la douleur que nous ressentons d'avoir toujours peur d'entreprendre ce qui nous plait, d'être authentique, d'accueillir le regard des autres, etc. En outre, on peut aimer cette douleur, car elle est l'énergie qui nous donne l'impulsion pour travailler à changer notre vie.

Bien sûr, cette interprétation vaut pour tous les domaines de notre vie, pas seulement pour la confiance en soi. Nous avons tous nos propres préoccupations, et je vous invite simplement à voir, dans mon histoire, un exemple d'application de ce qu'on peut apprendre du haïku de Buson (et de l'enseignement du Dr Aziz Gazipura).

Par exemple, j'ai entendu cette phrase dans le film « If you only knew », et elle a tellement trouvé résonnance en moi qu'il me faut la partager avec vous : " Mum, what is talent ? **Talent is what God gave to you, and what you do with it is what you give back to God.**" Elle montre, qui plus est, que l'interprétation moins littérale du haïku de Buson

peut être appliquée non seulement pour
résoudre un problème, mais aussi comme une
invitation à faire fleurir vos dons personnels ou,
plus généralement, à faire profiter au monde la
bénédiction de ce dont vous êtes capables, comme
l'explique si justement Steve Mvondo dans le
premier chapitre de son livre *Your Talent Is Dead*
(littéralement, *Ton talent est mort*).

Mes meilleurs vœux de courage à ceux qui
cheminent sur la voie de la confiance en soi. Cela
va en s'améliorant et en devenant plus aisé. Il faut
simplement accepter de vivre le processus de la
conquête de cette confiance. Et il en va de même
de toutes les conquêtes ! Alors, mes meilleurs vœux
de ténacité à tous en général dans vos propres
cheminements.

La veillée est double

Un moment charnière

J'ai utilisé le terme de « veillée » pour faire
référence à un moment intermédiaire, qui peut
durer quelques jours, quelques mois ou des années.
Cette période, c'est le moment entre la fin d'un
chapitre de notre vie (par la perte d'un être cher,
par exemple, ou, moins dramatiquement, par la
perte d'une chose à laquelle nous tenions) et le

début d'un nouveau chapitre. Ce moment peut être inconnu, surtout si la perte a été soudaine et inattendue, et c'est de ce genre de pertes qui arrivent avec un choc dont je parle dans le poème. Premièrement, je vais m'atteler à expliquer le terme de « veillée », et secondement, j'expliquerai pourquoi elle est « double ».

Chaque année, aux alentours du mois d'avril, de nombreux Rwandais se rassemblent pour veiller, en mémoire des personnes qu'ils ont perdues pendant le génocide perpétré contre les Tutsis en 1994. Après une journée au déroulement organisé, agrémentée de discours officiels, ils éteignent les lumières des lampes et allument des bougies. C'est alors le moment du partage de souvenirs, de chants, de larmes. Ils rompent, un moment, le rythme normal de leurs vies et veillent pour leurs chers disparus.

L'année passée, alors que je me disais que 25 ans après les tragiques événements, nos parents se seraient remis de leurs pertes, j'ai appris qu'ils commençaient, pour beaucoup, à faire de plus en plus de cauchemars dont le contenu était l'horreur qu'ils on't vécue pendant le génocide. Ces événements les ont marqués à jamais. Comme ceux qui déplorent la guerre du Vietnam, comme ceux qui pleurent l'horreur de la Shoah, etc. La veillée peut être longue, très longue.

Le terme de « veillée » dans le poème s'inspire de ce temps que l'on prend pour s'asseoir et méditer sur les raisons de sa peine, sur la perte des personnes que l'on aime et leur corollaire : la vie sans elles. J'ai cependant agrandi le champ d'application de ce mot en faisant référence – comme je l'ai dit précédemment – au moment charnière entre la fin de quelque chose d'important pour nous et le début de la vie sans elle, l'après.

Je vais maintenant expliquer pourquoi « la veillée est double ». Mais, d'abord, laissez-moi vous parler d'une conversation que j'ai eue un jour avec une psychologue au sujet de l'hypnose, et, plus précisément, de l'hypnothérapie (thérapie par l'hypnose). J'ajouterai aussi un exemple issu de mon expérience personnelle et qui a conduit à l'écriture de ce poème.

Je croyais que les personnes soignées par l'hypnose en psychologie, en devenaient dépendantes et qu'elles étaient incapables d'avoir la même force mentale une fois qu'elles revenaient à leur état de conscience normal. Cependant, la thérapeute m'a assuré qu'il s'agissait en fait d'offrir à ces personnes l'accès à des ressources auxquelles elles n'auraient pu avoir accès sans être dans cet état un peu étrange, différent de l'état de veille normal. Je pense, en outre, que cet état est un peu semblable à celui qu'atteignent les personnes qui méditent de manière régulière.

L'année passée, j'ai fait l'expérience douloureuse d'une dépression. Un chapitre important de ma vie venait de prendre fin, et je me lançais alors dans l'inconnu. De nombreuses choses ont changé dans ma vie, et j'ai dû faire face à de vieux démons que j'avais fuis pendant longtemps. Je pense que c'est de là qu'est venu mon état. Je remercie pourtant le Seigneur de m'avoir fait traverser cette épreuve, car c'était comme si j'avais eu besoin de prendre du temps, de ralentir pour réfléchir. Or, je pense que je n'aurais jamais pu mener cette réflexion, aller affronter mes démons, en étant dans mon état normal. J'ai appris douloureusement combien la perte vous fait atteindre des niveaux de conscience inaccessibles sans elle. C'est en cela, je pense, que l'état de léthargie étrange dans lequel je me trouvais ressemble aux états d'hypnose et de méditation.

Maintenant, laissez-moi vous expliquer la dimension « double » de la veillée. C'est un état où le temps semble ralenti, où même le corps se meut lentement. Comme s'il était plus lourd, comme si tout lui pesait. L'esprit aussi est cotonneux. Mais, alors que l'on désespère de ne jamais plus trouver la force de se lever à nouveau, on se rend compte qu'on a simplement atteint un état de conscience jusqu'alors inexploré (surtout si c'est la première fois que vous faites l'expérience de cette sensation). On a alors accès, comme dans l'hypnose et comme dans la méditation, à des ressources inattendues.

Moi, je me suis remise à écrire et j'ai découvert que j'étais capable de dessiner. Je me suis aussi découvert une passion pour le chant, et la liste s'allonge. C'est pour cette raison que la veillée est double. On prend le temps de pleurer nos pertes, et on prend le temps de faire une transition douce vers une vie après, une vie changée certainement. Un nouveau chapitre.

Dès lors, si jamais vous sentez que vous traversez une période comme celle que je viens de décrire, surtout suivez les nouveaux centres d'intérêt auxquels cet état étrange vous invite. Cela vous permettra d'avoir une chose à laquelle vous accrocher pour tenir bon. De plus, cela élargira votre champ de vision sur le monde. Et si jamais vous vous mettez à l'art, comme c'est le cas pour beaucoup de personnes – le temps de votre « veillée » ou plus longtemps, d'ailleurs - et que les seules choses que vous avez envie de peindre, de dessiner, d'écrire, etc., sont la peine et le deuil ; faites-le donc. Cela vous permettra de les comprendre, de les affronter et de les accepter.

Alors, donnez-vous y à cœur joie, tenez bon et espérez. Cela est bien plus efficace et plus sain que d'ajouter à vos malheurs des problèmes d'alcool et autres sources de soulagement aux effets délétères autant qu'éphémères. Un jour, si vous continuez d'y travailler et de chercher des solutions à vos problèmes un par un, vous vous réveillerez et vous saurez, au fond de vous, que la veillée est terminée et que vous êtes prêt.e à entamer le nouveau chapitre de votre vie.

Je pense aussi que la veillée au sens littéral est double. En effet, pour les personnes en deuil, ce temps est consacré à pleurer leurs proches, mais en se délestant un peu du fardeau de leur peine, elles trouvent alors la force de continuer à vivre malgré l'absence de ceux qu'elles ont aimés.

Autoconsolation

Aie confiance en Dieu

Al Mou 'min signifie en arabe : Le rassurant, L'apaisant, etc. (Il s'agit d'un des attributs de Dieu en islam)

Lorsque j'ai écrit ce poème, j'avais en mémoire quelque chose que j'aime à me répéter souvent : « **si jamais une épreuve de la vie t'éloigne de Dieu, alors tu auras perdu.** » Je me disais qu'il fallait que je place la même confiance en Dieu que je plaçais en Lui avant cette période difficile. Cependant, ce n'était pas chose aisée. Alors, j'ai écrit ce poème pour ancrer mes propres conseils dans mon cœur, en me disant que, chaque fois que je les lirais, cela me donnerait la force de tenir bon jusqu'à ce que la vague retombe. Et, comme le printemps vient toujours après l'hiver, même la vague la plus haute finit toujours par retomber.

Aujourd'hui, je tiens à offrir mes propres conseils à une autre personne (vous, cher lecteur, chère lectrice).

Voyez-vous les marques de tendresse éparpillées un peu partout dans le poème, et surtout, dans la dernière strophe avec le « Mon amour » ? Au moment de la rédaction du poème, j'avais fait cela de manière inconsciente, mais, aujourd'hui, avec de la distance, je vois là un bel exemple de bienveillance envers soi-même.

J'ai appris avec le Dr Aziz Gazipura de la chaîne YouTube « Get more confidence » l'importance d'être toujours de mon propre côté (ce qu'il appelle « On My Own Side » ou OMOS), que j'aie fait ce que j'avais prévu de faire ou non, que j'aie fait une bêtise ou aie accompli un acte particulièrement bien réfléchi, que je me sois ridiculisée ou non, que je sois malade ou en bonne santé, que je sois en couple ou célibataire, etc. Il est important d'être toujours de son propre côté, de faire preuve de bienveillance, de compassion envers soi-même. En effet, dit Fabien Malgrand dans sa vidéo « Est-ce que tu aimes ?», on ne peut transformer que ce que l'on aime. Sans condition. En prenant les choses comme on les a trouvées, en les accueillant telles qu'elles sont à l'instant où nous les regardons.

Si l'amour ne précède pas toute action, alors on risque de se faire du mal à soi-même. Or, je pense que ce n'est pas une très bonne idée dans la mesure où nous resterons gentiment « coincés » avec nous-mêmes jusqu'au jour de notre mort. Alors autant être notre propre meilleur.e ami.e, amoureux.se, etc avec des « ce n'est pas grave », « demain est un autre jour », « à chaque jour suffit sa peine », « ça va aller », « tu peux le faire », **« Je t'aime ».**

Il y a aussi un autre avantage, lié à cette attitude, que je ne commence à saisir que maintenant : en faisant preuve d'amour envers soi-même, on en voit les bienfaits, et on comprend mieux pourquoi et comment il faut témoigner notre amour aux personnes auxquelles on tient. En effet, comme « Je est un autre » (Arthur Rimbaud), « l'autre est un autre nous-même » !

Parle, Musique
Le langage du monde
J'ai rencontré la notion de « langage du monde » dans *L'Alchimiste*, ouvrage illustre du romancier et interprète brésilien, Paulo Coelho.

Il s'agit du langage du cœur grâce auquel, si l'on le parle, l'on peut se connecter à toutes les choses qui peuplent le monde. D'un petit insecte à un éléphant, du soleil au vent et à la pluie. Toutes les choses du monde parlent le langage du monde ou langage du cœur ou langage de l'âme ou langage des signes.

J'ai écrit ce poème parce que j'avais le cœur lourd et il y avait une chanson dont le refrain ne quittait pas mes pensées, et chaque fois que je me le murmurais, cela m'apaisait. De plus, dans cette période où mon cœur était assiégé par la tristesse, je mettais une chanson joyeuse sur laquelle je dansais, et quoique la source de ma peine n'avait pas quitté mes pensées, je retrouvais un peu de bonne humeur et d'énergie. Je recommençais à sourire.

Au-delà des mots qui pouvaient me faire retrouver la joie, la musique touchait mon âme et me consolait, ses ondes me berçaient. Je me suis dit qu'elle parlait à mon âme en un langage que ma seule raison ne pouvait saisir. Le langage du monde. Je l'ai remerciée en lui rendant un hommage poétique.

Pour vous faire découvrir la notion de « langage du monde » plus avant, voici quelques citations de

Paulo Coelho, extraites de son livre *L'Alchimiste*, que j'ai trouvées sur la page web du dictionnaire des citations du journal Le Monde :

Ecoute ton cœur. Il connaît toutes les choses parce qu'il vient de l'âme du monde et qu'un jour il y retournera.

Le cœur craint de souffrir et cette crainte de la souffrance est pire que la souffrance elle-même. Aucun cœur n'a jamais souffert alors qu'il était à la poursuite de ses rêves, parce que chaque quête est un instant d'Éternité.

Sois attentif aux signes. N'oublie pas que tout n'est qu'une seule chose. N'oublie pas le langage des signes. Et surtout, n'oublie pas d'aller jusqu'au bout de ton Destin. Le cœur avertit toujours lorsque l'on s'éloigne de son rêve, du chemin qui nous est tracé.

Le langage du monde s'écrit par chances et coïncidences. Dans la vie, tout est signe. A travers les signes, l'homme peut comprendre le langage du monde.

Tout est une seule et unique chose. Toutes les choses sont la manifestation d'une seule chose.

L'Omniscient est attentif

Puiser sa force en Dieu

Dieu a assigné à l'Homme une vie de lutte (Sourate 90 : verset 4). Mais, il lui a également promis qu'à aucune épreuve il ne serait confronté sans qu'il ne soit capable d'en sortir vainqueur (S2 : 286).

Cependant, il arrive parfois que notre seule volonté ne suffise pas pour nous faire tenir bon en période d'épreuve. En ce cas, plutôt que d'utiliser notre énergie à blâmer le Seigneur, il faut rediriger notre force vers l'exercice de l'espérance et de l'endurance. Il nous faut faire confiance à Dieu, le supplier de nous donner la force de continuer à vivre malgré ces difficultés dont nous ne comprenons pas toujours le but au début, et malgré la douleur qui les accompagne. **Dieu, en effet, a promis son assistance à ceux qui font preuve de patience** (S2:153 ; S 42:43).

Et en parlant de cela, il arrive également que nous n'obtenions pas ce que nous espérons au moment où nous le souhaitons. Lorsque je pense à ce genre de situation, il me vient en mémoire l'histoire de Sarah, la femme d'Abraham, et le temps infiniment long qu'elle a passé sans enfant et, ayant dépassé l'âge moyen de concevoir, sans plus d'espoir d'en avoir. Un jour pourtant, au moment où elle s'y attendait le moins, la promesse d'un enfant lui est venue (S11 : 69-73). **Il ne faut pas que nous désespérions de la grâce du Seigneur** (S 93 : 1-11). Chacune des épreuves que nous traversons a un but, et pendant leur durée (comme en tout temps, par ailleurs), il nous faut nous rappeler la bonté de Dieu, et nous concentrer sur toutes les choses qui vont bien.

Un dernier point sur la question consiste en le fait que je me répète souvent que je n'ai pas choisi de naître et que je ne choisirai, ni le moment, ni les circonstances de ma mort. Mais que je peux choisir la façon dont je vivrai sur Terre. Et, pour l'instant - et je prie le Seigneur pour qu'il veille sur mon cœur- j'ai pris Dieu pour guide. Alors, je me dis que la seule façon pour moi de vérifier si j'ai réussi une période d'épreuve ou si je vis conformément à mes convictions, c'est de **me demander si ma relation avec Dieu est toujours intacte.** De cette façon, cette précieuse relation ressort même grandie des épreuves que je traverse, car ma confiance en le Seigneur s'en trouve renforcée même lorsque, au début des difficultés, j'ai été assaillie par le doute.

Pour les croyants, je vous invite à garder ces trois points en tête, à toujours remettre en question votre rapport à Dieu et à vérifier si votre relation se porte bien. Dans la recherche de son approbation, vous préserverez votre cœur de ce qu'il vous interdit, et vous vous rapprocherez de ce à quoi il vous exhorte. Vous ne serez jamais seul non plus, par les jours de joie et par les jours de tristesse.

Et pour nous tous en général, tenons bon. Les temps changent et aucune période ne dure toujours. Le printemps vient toujours après l'hiver, et le souvenir et l'espoir du retour du premier soutiennent nos forces dans les périodes les plus rudes. Tenons bon et gardons espoir.

Complément d'information
Concernant la sourate 93 (1-11) citée ci-dessus : le Prophète Muhammad (Paix et Bénédictions de Dieu soient sur Lui (PBSL)) a reçu la révélation de cette sourate dans un moment où le désespoir menaçait de le submerger et où il se croyait abandonné parce qu'une longue période était passée durant laquelle Dieu ne le contactait pas et ne lui révélait rien. Ceci pour donner encore un exemple de ce pourquoi il est important de garder espoir, de tenir bon et de faire confiance à Dieu.

L'importance de ce qui reste
Tous les domaines de la vie importent
J'ai fait face à un gros échec scolaire, si gros qu'il m'a fallu changer de faculté. Cette expérience a été si difficile que cela s'est répercuté sur les autres domaines de ma vie : j'étais en retard de plusieurs heures pour ma prière, sans raison valable ; je ne m'appliquais plus à l'école, moi qui aime tant apprendre ; je ressentais une réelle baisse d'énergie dans toutes les autres choses. Je n'aimais plus cuisiner et ne me souciais plus du goût de ce que je mangeais, je ne m'occupais plus de mes relations avec mes amis et avec ma famille, quoique fort heureusement, ils ne m'aient pas rendu la pareille ; que du contraire. Je voulais juste être seule et pleurer.

Cependant, je savais que j'étais encore vivante et que fonctionner à ce rythme n'était qu'une échappatoire éphémère. J'ai donc commencé à chercher des solutions pour m'en sortir et surtout pour adresser le vrai problème qui m'avait mise dans cet état.

J'ai d'abord regardé autour de moi et pris conscience que je n'étais pas la seule à traverser une mauvaise passe, et que beaucoup étaient bien moins chanceux que moi. Je me rappelais mes bénédictions les jours les plus noirs et priais le Seigneur pour qu'il me donne la force. De plus, j'étais confortée dans cette manière de faire par ce que j'avais lu dans le livre *L'Intelligence émotionnelle* de Daniel Goleman. Le psychologue disait que les personnes qui ont le plus de chance de se remettre d'un cancer sont celles qui pensent à toutes les choses qu'elles peuvent encore faire par rapport à d'autres moins chanceuses, et non pas celles qui déplorent les choses qu'elles faisaient avant leur maladie et dont elles sont désormais incapables.

Consciente du fait que je n'étais pas seule, je m'en suis ouverte à mes amis et à ma famille, qui, sans trouver de solution pour moi – et je pense que c'était très bien comme cela – m'ont témoigné beaucoup de compassion et d'amour.

J'ai ensuite recommencé à prier avec ardeur en me répétant que les jours où je ne veux pas prier sont les jours exacts où j'ai le plus besoin du Seigneur. Et surtout lorsque l'heure de la prière venait, je m'interdisais de penser et fonçais faire mes ablutions et tout le reste, dans le but d'éviter de me trouver des excuses.

En outre, parce que j'avais été introduite à la méditation l'année précédant tous ces événements, et que cela m'avait été énormément bénéfique, j'ai décidé de m'y consacrer régulièrement aussi.

Ensuite, toute une chaîne d'événements s'est mise en place. Lorsque je ne voulais pas aller en cours, je me dépêchais de me préparer sans réfléchir et m'interdisais la question « je sèche ou pas ? » J'ai commencé à regarder des vidéos de personnes qui avaient également traversé des moments difficiles et à appliquer leurs solutions. Et plus que tout, malgré le fait que je ne trouvais pas de solution à certaines questions qui me taraudaient, je priais Dieu pour qu'il me guide, qu'il me donne la force de tenir bon. Je suis même retournée à mes premiers amours que sont la lecture et l'écriture. Je me suis également découverte des talents insoupçonnés. Etrangement, tout cela n'aurait pas été possible sans cette malheureuse crise.

Aujourd'hui, je n'ai pas encore la réponse à certaines questions qui, pourtant, sont d'importance. Cependant, j'ai formé tout un système de « soins » qui seront mes compagnons de toujours et qui me viendront en aide lorsque j'en aurai le plus besoin. J'ai également appris à mieux me connaître, et ma capacité d'empathie est devenue plus sincère, car je comprends mieux la souffrance des autres. Mes relations avec les autres sont plus authentiques aussi parce que je sais ce que je veux désormais et ce que je ne veux pas, même si le chemin vers l'authenticité s'avère encore laborieux pour moi. Mais un sage n'a-t-il pas dit : « nos imperfections nous donnent une raison de vivre, parce que, grâce à elles, nous avons encore des choses à faire dans ce monde ? » (Mon interprétation personnelle des paroles du professeur Kramrovsky dans le film « High Strung »)

Le lien de cette histoire avec le poème - pour ceux que j'ai perdus dans ma longue tirade- est le suivant : ce n'est pas parce qu'un domaine de votre vie ne va pas bien que tous les autres doivent en pâtir. De plus, si vous investissez dans ce qui va bien, « ce qu'il vous reste », vous y puiserez la force pour trouver des solutions à ce qui va moins bien ou pas du tout. **En effet, tout ce qu'il vous reste, c'est EXACTEMENT ce qu'il vous reste. Et** c'est **EXACTEMENT** ce qu'il vous faut pour vivre ce chapitre de votre vie.

Vale, Primus Amor
Adieu… et merci
« Vale, Primus Amor » signifie « Adieu, Premier Amour » en latin.

J'ai écrit ce poème, vous l'aurez compris, pour dire adieu à un chapitre de ma vie et à la personne qu'il concernait. Plutôt que de fuir ma peine, j'ai décidé de l'écrire et je le ferai encore chaque fois que ce deuil me sera trop pénible. Je sais que le temps guérit toutes les blessures et j'ai foi en le fait que celle-ci ne fera pas exception, surtout que je souhaite cette guérison.

Je remercie le Ciel pour les souvenirs, qui sont encore plus beaux lorsque l'on les a partagés avec les personnes qu'on aime. Et je suis immensément reconnaissante à la personne qui m'a inspiré ce poème pour le temps où il a illuminé ma vie.

Au reste, j'attends et prépare la suite de la vie, les bras, les yeux, le cœur, ouverts.

Ils disent au revoir à la nuit

Faire des sacrifices et choisir ses priorités pour réaliser ses rêves

Autant, dans le poème « J'ai franchi le fleuve », je voulais insister sur la prise de conscience de ses rêves et sur le fait de sortir de sa zone de confort pour les réaliser ; autant, dans ce poème-ci, je souhaitais insister sur le fait que travailler à réaliser ses rêves est une tâche ardue qui exige de sacrifier de nombreuses choses (temps, argent, relations, etc). Il est alors nécessaire d'avoir certaines idées en tête, qui soutiendront notre démarche et nous permettront de rester motivés. Ci-dessous, je vous présente certaines notions qui m'ont guidée dans la rédaction de ce poème de même que dans l'organisation de mes pensées et de ma vie, en vue de travailler à la réalisation de mes rêves et de mes projets.

D'abord, l'importance de connaître, assumer et exprimer ses priorités, idée dont vous trouverez de plus amples et plus belles explications dans les publications des bloggeurs Mark et Angel de « Mark and Angel Hack Life ». Dans un post, Mark et Angel expliquent l'importance d'établir ses priorités pour soi et face aux autres, de sorte à consacrer la plus grande partie de son temps à travailler pour les choses qui ont vraiment de l'importance pour nous, quitte à – c'est le prix à payer – faire de la peine à certaines personnes en leur opposant un clair et ferme « non ». J'ajouterai également que, cette réponse, nous devons la donner à nous-mêmes également lorsque nous nous rendons compte que ce à quoi nous occupons notre temps ne correspond pas vraiment à nos priorités et aux choses qui nous tiennent à cœur (les pauses mises à part, bien entendu).

Ensuite, il y a la notion de « travailler dur et sans relâche », surtout au début d'un projet, lorsque l'on cherche encore ses marques et, pour cela, j'appuie mon propos d'une vidéo d'un docteur en psychologie auquel je dois beaucoup, Dr Aziz Gazipura de la chaîne YouTube « Get more confidence ». (Il y a de fortes chances que je parle encore de lui de nombreuses fois, car ses enseignements et son approche touchent mon cœur particulièrement).

Enfin, je m'appuie également sur les mêmes versets du Coran que pour le poème « J'ai franchi le fleuve ». C'est-à-dire les premiers versets (et toute la sourate en réalité) des sourates 73 et 74 du Coran. Dieu exhorte le Prophète (PBSL) à quitter le confort et la chaleur de son lit pour aller faire le dur travail de prêcher Son enseignement. Penser à la difficulté d'une telle tâche est ce qui m'a inspiré le poème, quoique j'aie généralisé son impact à tous les domaines où il nous faut quitter notre confort et nous battre pour accomplir ce qui a de l'importance pour nous.

Il est une autre notion que je souhaite mettre en résonnance avec une autre sourate : la sourate 96 du Coran, première sourate à avoir été révélée au Prophète (PBSL). Dieu exhorte le Prophète (PBSL) à « lire » au sens littéral et, plus généralement, à rechercher la connaissance. Que cette notion ait été celle mise en avant par le Seigneur en en faisant le premier sujet de la révélation témoigne de son importance. Entre bon nombre d'autres choses, la connaissance permet de remettre en question ce que l'on prenait pour acquis et d'élever son niveau de conscience vis-à-vis de soi, du monde et des personnes qui nous entourent. En ce sens, « quitter la nuit » représente le fait de « quitter l'ignorance » - quel que soit le domaine concerné d'ailleurs - pour aller vers la lumière qu'apporte la connaissance. Par exemple, en augmentant ses connaissances dans les domaines qui nous intéressent.

Pour ma part, j'aime écrire, mais j'ai un long chemin à parcourir avant de pouvoir « jouer dans la cour des grands », et j'aimerais également enrichir mes connaissances en ce qui concerne ma religion, la culture de mon pays de naissance et de mon pays d'adoption.

Amour de soi
Que l'amour précède toute chose
Comme le dit Fabien Malgrand, expert et formateur en connaissance de soi, on ne peut transformer que ce que l'on aime. Donc, il faut aimer d'abord, sans condition, en allant rencontrer les personnes, les choses, les endroits que l'on veut transformer, là où ils sont. C'est-à-dire en allant, avec respect et bienveillance, chercher à mieux les connaître. Et ceci vaut aussi pour soi-même.

Il y a de nombreux bénéfices au fait de faire preuve d'amour pour soi. En voici quelques-uns.

D'abord, cela nous donne envie de faire de belles choses pour nous-mêmes (ex. : travailler dur pour réussir à l'école), et cela nous incite à nous protéger nous-mêmes lorsque des gens nous veulent ou nous font du mal.

Ensuite, en faisant l'expérience de l'amour, on en découvre les bienfaits, et on peut aimer les autres de façon plus authentique. Dès lors, on n'aime ni excessivement, ni insuffisamment, et on comprend et on respecte les limites des autres ainsi que nos propres limites.

Enfin, **on apprécie sa propre compagnie, que l'on soit entouré ou non.** Il n'y a pas sensation plus agréable, et cela crée de belles ondes que ceux qui partagent notre vie ressentent et que nous ressentons nous-même.

Le long terme
Se projeter dans le futur

Quand j'ai écrit ce poème, mon cœur et mon cerveau n'arrivaient pas à s'accorder sur mon choix d'études. J'avais quitté des études qui avaient été extrêmement laborieuses pour moi et, alors que tout allait bien dans celles que je poursuivais, j'ai à nouveau eu l'occasion de choisir, soit de retourner dans mes anciennes études qu'une moyenne trop basse m'avait empêchée de poursuivre, mais dont je croyais être passionnée ; soit de continuer dans la nouvelle filière dans laquelle je m'étais inscrite.

Heureusement, au moment d'effectuer mon choix, une leçon de méditation est venue à mon secours. Pour préparer mes examens lorsque j'étais dans la filière plus difficile, j'avais pratiqué la « méditation pour la réussite ». Le principe de cette forme de méditation est d'inviter la personne qui médite à se projeter, le jour de l'examen, deux ans plus tard, puis dix ans et ainsi de suite. Comme dans les sports de haut niveau, plus la vision de là où l'on veut aller est claire, plus il est aisé de travailler pour cela et même de savoir quels moyens il nous faut mettre en place pour atteindre les objectifs que nous nous sommes fixés. J'ignore si cela peut fonctionner pour tout le monde, mais moi, j'ai senti une réelle différence en étudiant. J'étais plus motivée, parce que je me voyais en train de pratiquer le métier pour lequel je travaillais si dur.

Dans tous les cas, méditation ou non, le message du poème est le même : si vous voulez savoir si vous devriez prendre tel chemin ou tel autre, projetez-vous mentalement dans le futur et demandez-vous dans quel endroit vous êtes le/la plus satisfait.e de votre choix.

Dans la dernière strophe, je parle de « savants malheureux ». Je voulais par-là évoquer le fait que notre entourage, et parfois les personnes qui nous sont les plus proches, ne comprend pas notre choix. C'est, je pense, parce qu'ils ne peuvent ressentir « ce que nous dit notre cœur » ; ils n'y arrivent simplement pas. Ceci parce que ce n'est pas leur place, pas leur rôle. Ils croient tout savoir sur la vie, et il est vrai que souvent ils ont leur expérience sur le fonctionnement du monde (savants), veulent nous mettre en garde et annoncent des catastrophes (malheureux). Toutefois, ils ne savent pas tout, et leurs connaissances se limitent à ce qu'ils ont expérimenté ou vu. Je pense, quant à moi, que tant qu'à prendre conseil (ce qui n'est pas mauvais en soi), autant se référer à des gens qui ont vraiment des informations sur les domaines qui nous intéressent.

Par ailleurs, il est vrai que chaque choix a son comptant de risques, et, *a fortiori*, les choix moins conventionnels. Cependant, et c'est le rappel que je voulais me faire à moi-même en écrivant ce poème, est-ce bien raisonnable de se battre contre soi-même et de suivre un chemin que nous quitterons dans dix ans, ou moins, ou plus parce que cette voie nous a rendus trop malheureux ? Pourquoi ne pas choisir le bonheur tout de suite pour ne pas vivre en regrettant notre vie et en blâmant les autres pour nos choix ? Ce qui nous arrête, au fond, n'est-ce pas la peur de l'incertitude qui accompagne les prises de risques ? Alors, j'ai une question pour moi-même et pour vous, cher.e lecteur.trice : l'endroit où vous avez envie d'être au fond de vous, vaut-il la peine que vous risquiez de tout perdre pour lui ?

Il convient ici, pour nourrir la réflexion plus avant, d'aborder le fait que Daniel Goleman dans son *Intelligence émotionnelle* explique que chaque émotion a sa fonction et qu'il faut lui donner sa juste place. Il en va de même pour la peur. La meilleure explication que j'aie trouvée, à ce jour, me vient de la coach de vie et conférencière en motivation de renom, Lisa Nichols. Elle explique que la peur est utile, car elle nous stimule à nous préparer correctement pour que ce que nous craignons ne se produise pas. Plutôt qu'une prise de risque brusque, elle prône une préparation à la transition vers le nouveau chapitre de notre vie. En somme, elle encourage à poursuivre ses rêves, mais en alliant la passion et la raison.

Te dire adieu au printemps

Tourner la page

Un jour ou l'autre, il nous faut quitter l'enfance. Et, si nous l'avons déjà quittée, un jour ou l'autre, il nous faut dire adieu à une période de notre vie pour embrasser l'aube d'une nouvelle qui, souvent, lorsque l'on en prend conscience, a déjà pris ses quartiers.

On a du mal à accepter le changement, le nôtre, celui de nos proches, celui du monde tel que nous le connaissions. Peut-être est-ce parce que le changement des personnes qui nous sont le plus proches rejaillit également sur nous ? Par exemple, leur absence ne peut que nous affecter et transformer quelque chose en nous. Alors, que craint-on au juste ? Plutôt que le changement des autres, que le changement du monde, n'est-ce pas le nôtre qui nous effraie ? Notre corps qui n'est plus le même, notre caractère aussi, forgés qu'ils sont à l'école de la vie.

Autre chose, croyez-vous que l'âme reste inchangée malgré les fluctuations de la vie et ses conséquences sur nous ? Je veux dire, si je prends la métaphore d'une voiture, malgré la peinture à sa surface et toutes les sortes de réactions chimiques endurées pour la renforcer et en faire un véhicule tel que nous en voyons sur la route, ne reste-t-elle pas fondamentalement « un morceau de fer »?

Peut-être qu'au lieu de nous agripper à des éléments du passé pour tenter de les empêcher de nous échapper- ce qu'ils feront quand même parce que c'est la nature du monde que de changer constamment - et peut-être qu'une fois que nous avons fait le deuil de ce qui n'est plus, nous devrions nous astreindre à nous « fondre » dans le nouvel aspect qu'arbore notre vie.

Aube

Quand arrive la fin de la route commune, en prendre conscience, l'accepter et la vivre

J'ai écrit le poème « Aube », comme pour la plupart des poèmes présentés dans ce recueil, pour que, chaque fois que je le lirai, je me rappelle l'attitude que j'ai décidé d'adopter vis-à-vis de la situation qui m'a incitée à l'écrire. C'est ce qu'on appelle « pep talk » en anglais : un discours destiné à exhorter une personne à faire plus d'efforts, à faire preuve d'encore plus de courage et de zèle dans une situation donnée.

Dans le cas du poème « Aube », je tenais à m'auto-encourager à accepter de dire adieu aux personnes qui, inévitablement, quittent notre vie. Sans colère, sans rancune, mais en étant plutôt consciente que le bout de chemin que nous devions faire ensemble est arrivé à sa fin, et qu'il faut les libérer, continuer ma route et les laisser poursuivre la leur. Ce n'est la faute de personne quand un voyage arrive à sa fin ; il faut plutôt prendre conscience de cette fin, l'accepter et la vivre.

Parfois, les personnes qui partent de notre vie nous étaient extrêmement précieuses et elles ont partagé notre route pendant bien longtemps. Il est alors particulièrement difficile de les laisser partir. C'est pourquoi il faut aussi accepter que le fait de laisser partir ces personnes de notre cœur est un processus, un processus parfois assez long. Mais, pour autant que l'on s'y attelle, tout processus a une fin. Personnellement, désormais, lorsque je fais face à une situation aussi difficile que celle-ci, ma meilleure méthode est l'écriture. Et vous ? Quelles méthodes employez-vous pour accepter le départ des personnes qui vous sont chères ?

Je tiens vraiment à insister sur le fait qu'il ne faut pas faire preuve de rancune même s'il s'agit de la première voie que propose la facilité. Il faut plutôt voir le moment où ces personnes nous quittent comme une double libération : vous laissez partir ceux qui veulent partir, et ces derniers libèrent une place dans votre vie qui n'est plus la leur.

Cela vous a peut-être frappés que je dise « ceux qui ne sont déjà plus là ». Cette idée est en fait double. Premièrement, lorsque les gens partent, c'est en fait l'aboutissement de leur préparation à partir, et non le début de cette préparation. Peut-être y a-t-il longtemps qu'elles y songeaient ou que des événements se mettaient en place, qui facilitaient leur départ progressif de notre vie. Cependant, l'œil humain ne peut tout percevoir. C'est pourquoi, lorsque nous mettons en place des projets, il est sage de faire preuve d'humilité, de se rappeler qu'il se peut que les choses ne se déroulent pas comme prévu. Quoi que l'on planifie, il faut toujours se mettre sous la protection de Dieu (notion d'« At-Tawaqul » en islam), car il se peut qu'il dispose autrement que ce que nous avons proposé. Et, à vrai dire, la situation qui m'a incitée à écrire ce poème m'a rappelé combien les plans de Dieu sont bien meilleurs pour nous, car il sait tout et que nous, nous n'avons que des fragments de connaissance sur la vie et sur le monde. En outre, plus que tout, il est absolument bienveillant envers tous ses enfants et jamais ses projets pour eux n'ont pour but de leur nuire, que du contraire.

Secondement, il y a deux départs à appréhender : un départ physique et un départ psychologique ou émotionnel. Parfois, il y a longtemps que nos proches ne sont plus auprès de nous physiquement, mais qu'ils s'attardent émotionnellement. C'est parfois parce qu'on s'accroche aux souvenirs que l'on a partagés avec eux ou parce qu'on veut protéger ces souvenirs qu'on a du mal à laisser partir ces personnes mentalement. À vrai dire, c'est davantage à cette forme de « laisser partir » que je pensais lorsque j'expliquais que laisser partir est un processus. C'est un deuil en quelque sorte.

L'on trouve un bel exemple de cette séparation en deux temps dans la nouvelle « Laatste Middag » (littéralement, « Dernier après-midi ») de l'illustre auteur néerlandais, Cees Nooteboom. Un des personnages principaux explique que, « tout d'un coup », elle ressent enfin le départ de son ex-compagnon alors qu'ils se sont séparés longtemps auparavant et, bien plus, que son ex-compagnon est décédé peu après leur séparation et n'est déjà donc plus de ce monde au moment où elle accepte enfin son absence.

Le poème s'intitule « Aube » pour deux raisons. D'abord, pour me rappeler que la fin de quelque chose signifie le début d'un nouveau chapitre de notre vie. Un chapitre inconnu, que l'on est impatient.e de découvrir malgré la tristesse pour les choses perdues. Ensuite, parce que « la nuit porte conseil » quant aux événements de la journée, et que c'est au petit matin que l'on comprend ce qui était embrouillé la veille et que l'on voit les choses avec un surcroît de clarté avant de nous replonger dans notre routine quotidienne.

Humilité

La liberté, l'humilité, le respect, … sont à conquérir
J'ai eu la chance inouïe de tomber sur la série « Le pacte des Marchombres » du regretté Pierre Bottero qui était un auteur français. J'ai découvert ce qu'il appelle dans son ouvrage « la poésie marchombre », forme de poésie très semblable au haïku, poème court japonais. La différence entre les deux formes réside, selon moi, en le fait que, bien que les deux aient pour objet de capturer l'instant, phénomène par définition éphémère, le « poème marchombre » capture une émotion et

une leçon de vie ou un message, alors que le haïku capture une émotion et contient une idée de saison (« kigo » en japonais). De plus, le haïku suit une certaine structure (trois vers de 5, puis 7, puis de nouveau 5 syllabes), formation que ne suit pas vraiment Pierre Bottero. En témoigne ce superbe poème dans le tome 1, page 290 (Édition Rageot, 2010) :

Force lumineuse et bienveillante
Gratitude infinie pour celui qui guide
Respect

Il y a une autre forme de poème qui se nomme « Moki ». Il s'agit d'un haïku qui ne contient, ni une notion de saison, ni une césure. La poésie marchombre se rapproche peut-être plus de cette forme-ci de poésie de l'éphémère.

J'ai peu ou prou combiné le poème marchombre et le haïku pour capturer des idées que je voulais ancrer dans mon cœur au sujet de l'humilité, du cheminement, du respect. Je souhaite sincèrement faire des progrès dans ces domaines. Or, me répéter ces courts tercets plus ou moins personnels et qui sont chacun liés à un souvenir de ma vie m'aide énormément dans mon avancement.

Je me suis également inspirée de ces formes de poésie dans les haïkus sur les thèmes de la liberté (« Libre ») et de la mer (« La mer ») ainsi que dans le poème « Promesse d'amour ».

J'espère que, que mes vers résonnent en vous ou non, vous serez encouragés à pratiquer cette forme de réflexion et à écrire vos propres « poèmes marchombre » ou vos propres haïkus. Et, plus que tout, j'espère que l'enseignement que j'ai tiré de l'exploration des thèmes de la liberté, du respect, … vous seront utiles.

Quelques haïkus d'Issa Kobayashi pour la route :

A l'ombre des fleurs de cerisiers
il n'est plus
d'étrangers

Dans les brumes de chaleur
quelques trous laissés
par le bâton allé au temple

Se fondre dans le changement

Intégrer le changement à notre vie

Il est récemment arrivé de grands changements dans ma vie. J'ai remarqué chez des personnes avec lesquelles je vis, parfois depuis toute petite, des traits de caractère dont j'étais jusque-là complètement inconsciente. J'en ai vu faire ou dire des choses dont je les croyais incapables, ceux que je prenais pour des personnes exceptionnelles se sont révélés être… juste des êtres humains.

Je me suis rendu compte que j'avais été injuste et que j'avais fait du mal à moi-même et à ces personnes aussi. En effet, comme l'a dit Maya Angelou, l'amour libère. Si l'on aime ou si, du moins, on veut apprendre à aimer une personne, il faut lui laisser l'espace d'être pleinement elle-même. Pas l'obliger, inconsciemment ou non, à s'enfermer dans la vision que nous avons d'elle. Ceci parce que nous n'avons que peu de connaissances sur le monde, sur nous-même et sur les autres - en attestent nos changements de points de vue sur les choses au fil des années. Alors, n'est-ce pas injuste de tenter d'enfermer les personnes avec lesquelles nous vivons, les personnes que nous disons aimer ou même des inconnus, dans notre point de vue qui change constamment et qui est construit sur la base de connaissances limitées ?

En outre, enfermer l'autre dans cette façon de la percevoir nous emprisonne par la même occasion. De fait, lorsque nous refusons d'accorder aux autres cette liberté d'être pleinement eux-mêmes, quitte à transcender la vision que nous avons d'eux, nous transmettons à nous-même et aux autres le message qu'ils peuvent faire de même avec nous. Ainsi, parce que nous manquons de l'humilité de reconnaître que nous ne savons pas tout et que les personnes que nous aimons ne nous appartiennent pas-comme nous ne leur appartenons pas-, nous cultivons un monde de gens fermés d'esprit, orgueilleux. Par ailleurs, n'est-ce pas un bien lourd fardeau que de s'obliger à contrôler ce que doivent penser, ressentir et faire les autres ? Nos propres problèmes, nos propres défis dans cette vie ne sont-ils pas suffisants ? Ne prétendons-nous pas là à un rôle qui n'est à la portée que de Dieu seul ?

De plus, en enfermant les autres dans la seule façon dont nous les percevons, nous nous empêchons d'apprendre à connaître un aspect du monde qui nous est inconnu et que plus d'ouverture à l'autre aurait pu nous faire découvrir. Consciente de cette réalité et pour la capturer dans mon esprit, j'ai écrit ce haïku- que vous pouvez retrouver dans les haïkus sur le respect :

A travers tes yeux
Se dévoile
Un aspect inconnu du monde

Enfin, une fois que nous venons d'apprendre quelque chose qui nous était inconnue à propos d'une personne que nous aimons ou de personnes qui nous sont inconnues et sur lesquelles nous avions des préjugés (« des épines apparaissent sur la tige d'une jeune rose»), par exemple, soit nous restons enfermés dans la vision que nous avions d'elles au début, soit nous accueillons cette nouvelle information et nous l'intégrons dans notre vie (« se fondre dans le changement »). Le haïku suivant qui est très cher à mon cœur, que j'ai déjà évoqué dans le poème « Pour celui qui part, pour celui qui reste » et que nous devons au haijin Yosa Buson, exprime justement cette décision à prendre :

Pour celui qui part,
Pour celui qui reste,
Deux automnes.

La relation que nous aurons avec ces personnes, après avoir découvert une facette de leur personnalité, qui nous était inconnue, dépendra de ce que nous déciderons de faire entre ces deux options. A moins qu'il y en ait d'autres ?

Quant à moi, je suis persuadée que si nous avons l'humilité de nous rappeler que nous ne savons pas tout et que les autres ne nous appartiennent pas – tout comme nous n'appartenons à personne d'autre qu'à Dieu -, que nous laissons aux autres la liberté d'être pleinement eux-mêmes comme nous aimerions qu'ils nous accordent cette liberté, ce qui devait se terminer en désillusion et séparation peut devenir maturité des individus et épurement des relations (« se fondre dans le changement est une nécessité »).

Ne jamais se fier aux ombres

Ne pas rester enfermé dans sa propre tête
Nombreuses sont les choses qui m'ont inspiré ce poème, mais je n'en évoquerai qu'une. Il s'agit du film « La lapidation de Soraya » (ou "The Stoning of Soraya" en anglais) (attention spoiler ci-dessous !). Il y a de très nombreuses leçons à tirer de ce film, mais je me contenterai de parler de l'absurdité du

contraste entre la réalité et les apparences qu'affichent les personnages, au moyen de quelques exemples tirés du film.

Premièrement, le représentant religieux, magnifique dans sa djellaba et sa barbe bien taillée-chose à laquelle il veille même le jour de la lapidation de Soraya-, n'est en réalité qu'un criminel évadé d'une prison et dont la cruauté n'a d'égal que sa volubilité. D'ailleurs, sa soumission à Dieu est aussi fallacieuse que les harangues qu'il prononce pour encourager la foule à « venger l'honneur d'un homme lésé par sa femme perfide ».

Deuxièmement, le mari de Soraya est présenté à la foule comme un malheureux homme trompé sans vergogne par sa femme ; un honorable déshonoré. Pourtant, Soraya n'accepte jamais de rester dans la même pièce qu'un autre homme que son mari, et, encore quelques jours plus tôt, son mari paradait avec force cris triomphants dans le village, la nuit, dans sa belle voiture avec une autre femme que son épouse.

Troisièmement, le père de Soraya est obligé de lancer la première pierre et il rate sa fille intentionnellement à chaque fois, ce que le mari de cette dernière qualifie de « faiblesse due à son vieil âge ». Or, qui fait preuve de faiblesse entre celui qui rechigne à torturer une personne innocente et celui qui est prêt à immoler la mère de ses enfants afin d'avoir le champ libre pour assouvir ses désirs sexuels ?

Enfin - et je m'arrêterai (peut-être) là, bien qu'il y ait encore taaaannt à dire à ce sujet -, ceux qui prétendent avoir délibéré avec justice, équité et preuves irréfutables ne font que répéter les mots qu'un seul homme a réussi, à force de tromperie et à force de menaces, à faire valider par quelques personnes clés. C'est que, pour reprendre les mots de Pierre Bottero, « ils ne sont pas fous… Ils sont foule. »

Une dernière pensée pour la route, car je ne puis ne pas évoquer une femme dont le courage mérite tant d'être loué. Il s'agit d'une vieille dame, la tante de ladite Soraya, que l'on traite de folle alors qu'elle est la seule qui comprend vraiment ce qui est en train de se tramer et qui voit le danger de ce qui n'est encore que murmures et regards, bien avant que le malheur ne se produise. De plus, elle est un beau contraste au pseudo-religieux exemplaire, car, jusqu'au bout, elle clame que ce qu'elle voit n'est que l'œuvre des Hommes par souci pour leurs intérêts personnels et non la volonté d'un Seigneur juste qui risque, d'ailleurs, de demander leurs comptes à ceux qui prétendent agir par respect pour les préceptes islamiques. Et il leur demande des comptes d'ailleurs… Mais je vous laisse découvrir comment en regardant le film à votre aise !

Bref, morale de l'histoire : les apparences ne sont que tromperie, et il faut refuser de nous enfermer dans l'aveuglement en prenant notre seule interprétation de ce que les gens font pour argent comptant. Il faut, pour s'exhorter à l'humilité et à la prudence, garder en mémoire que nous avons chacun notre propre monde intérieur, notre propre histoire ; nous ne faisons pas attention aux mêmes choses ; nous n'avons pas les mêmes préoccupations et, diantre !, nul n'est capable de lire les pensées d'autrui!

Amours à construire

25 ans plus tard : pardonner oui, oublier jamais
Ce poème a été rédigé dans le cadre de la 25ème année commémorative du génocide perpétré

contre les Tutsis sur une période de trois mois et dix jours, du 07 avril au 17 juillet 1994.

Sur le blog, j'ai longuement hésité à accompagner ce poème d'une image de fleurs fanées, mais chaque fois que le doute m'assaille, je me rappelle ce qui suit.

D'abord, lorsque j'ai détaché les pétales des fleurs, j'ai découvert que leur parfum embaumait encore l'air et que sa source était recouverte par les pétales séchés. Un peu comme l'espoir de renaître, de continuer à vivre après le drame se cache au fond du cœur des rescapés.

Ensuite, le fait que les fleurs soient fanées symbolisait toutes les vies anéanties, toutes celles bouleversées et détruites par le génocide. Parce qu'après une telle abomination, ceux qui l'ont vécue ne seront plus jamais les mêmes et devront porter le poids de leurs blessures toute leur vie.

Enfin, chaque fleur a sa propre couleur, ce qui symbolise ce que le génocide évoque à chacun des rescapés, les choses semblables (malgré leurs différences, les fleurs sont toutes des fleurs) et les choses propres à chacun. De plus, j'ai laissé l'image en couleur pour inspirer l'espoir de la lumière possible, même après l'horreur.

Je remercie infiniment les personnes qui m'ont honorée en me confiant la tâche de rédiger ce poème si important. Je remercie également toutes les personnes qui, à travers leur histoire que j'ai apprise parfois indirectement, m'ont inspiré de nombreux vers. Je remercie, en outre, celles qui ont relu, commenté et corrigé le poème, car, par exemple, je dois les mots "Des enfants jamais assez nombreux" à l'une d'entre elles. Mes remerciements, enfin, vont aux deux personnes avec lesquelles j'ai eu la chance de réciter le poème.

Tout l'Univers murmure ton nom
"De zieke is verliefd" / « *Le malade est amoureux* »
Ci-dessous, la traduction en français

Aboe Ali schreef zijn recept: "De zieke is verliefd. In de stad Ghorasan, in de wijk Galishoejan, in de Sahhafstraat, het derde huis van links woont een vrouw die Tahminé heet. Haal haar."

(Uit *De droom van Dawoed* van Kader Abdolah, uit. De Geus, alinea 21, p. 182)

Traduction (Lina Mukandoli) :

Abou Ali écrivit sa prescription : « le malade est amoureux. Dans la ville de Ghorasan, dans le quartier Galishoejan, dans la rue de Sahhaf, dans la troisième maison à gauche habite une femme du nom de Tahminé. Emmenez-la ici. »

(Extrait du livre *De droom van Dawoed [Le rêve de David]* de Kader Abdolah, ed. de Geus, chapitre 21, p.182)

Bien que je t'aie trouvé

L'amour seul ne suffit pas

Je pense qu'on peut sortir avec n'importe qui, mais qu'on ne peut vivre une relation sérieuse sur le long terme avec n'importe qui. Pour cette dernière, il faut plus que l'amour. Il faut des valeurs communes, un cercle social commun, une culture commune, un projet commun, ... Qu'importe. Quelque chose de solide sur laquelle s'appuyer lorsque la vie frappe comme elle sait le faire, impitoyablement. Alors, je pense que même si on aime une personne comme jamais on a aimé, même si la perdre semble invivable, il est des personnes qu'il faut accepter de laisser partir. Même si on pense avoir trouvé l'âme sœur.

En islam, Dieu nous apprend qu'il est la seule personne dont nous ne pouvons nous passer. D'ailleurs, même nos meilleurs amis nous quittent, ainsi que les membres de notre famille les plus proches ; soit qu'ils font des choix qui les emmènent loin de nous, soit que la faucheuse, impartiale compagnon de tous, les emporte. Alors je pense que, si une personne manque de quelque chose qui a une très grande valeur pour vous, que son projet de vie diffère tellement du vôtre qu'envisager l'avenir auprès d'elle vous taraude le jour et la nuit, je vous invite à vous souvenir de cet enseignement islamique et de cette réalité de la vie qui veut que, tôt ou tard, les personnes qu'on aime nous quittent.

Au lieu de faire des compromis sur des choses importantes pour nous, au risque de nous rendre compte, plus tard, que nous aurions dû nous arrêter et partir dès les premiers signes, ayons confiance en le fait que Celui qui a mis ces personnes sur notre chemin est en mesure de mettre sur notre route d'autres qui nous conviendront bien mieux. N'aimons pas sans modération au point de porter à ce monde et à ses enfants plus d'amour qu'à Celui qui en est le créateur. Ayons le courage et la ténacité de ne pas préférer la créature, éphémère, au créateur, éternel. Et, puisque Dieu apporte son soutien aux endurants, n'hésitons pas à lui donner le fardeau de notre peine, à appeler son nom lorsque le poison de l'absence est insupportable, à puiser notre force en la sienne, car Il en est une source inépuisable.

Je ne peux, cependant, clore cette partie sans évoquer l'importance de l'amour. La vie est dure et exigeante. Or, à la fin d'une longue journée, lorsque l'on rentre chez soi, je pense sincèrement que l'on aimerait y retrouver les personnes que l'on aime. Je pense également qu'il est plus agréable de faire des efforts pour des personnes auxquelles l'on tient que pour des personnes auxquelles l'on est, au mieux, indifférents. Alors, si vous avez la chance de rencontrer une personne qui vous aime et que vous aimez en retour, n'y renoncez pas pour de vaines raisons. De même, ne basez pas votre choix sur vos seuls sentiments qui pourraient changer face à une meilleure connaissance de l'autre et face aux difficultés de la vie (qui ne peuvent manquer). Veillez à un bel équilibre, donc, autant que faire se peut. Ensuite, vivez et soyez heureux ! Je suis persuadée qu'il n'existe point de choix parfait, mais plutôt des choix nécessaires.

Promesse d'amour

Amour du présent et de tous les domaines de la vie

Une rencontre des plus inattendues et plaisantes est à l'origine de ce poème. Ce genre de rencontre où, sans trop savoir pourquoi, cela vous met du baume au cœur. Mon imagination s'est, en résonnance avec ma bonne humeur, mise à vagabonder et à s'amuser un peu. Et j'ai pris le parti de me laisser entraîner dans ce voyage. J'ai ressenti cette simple et bonne vieille joie de vivre, de l'amour pour ma famille et pour mes amis, pour l'écriture, pour Dieu, pour tout.

J'ai souri largement et ri avec tendresse de ma folie passagère, et rien que pour cela, cette rencontre valait bien un poème !

Je suis une montagne

Authenticité, stabilité, accueil

J'ai eu la chance, un jour, de partager un bout de trajet de train avec un philosophe théologien, et nous avons discuté d'énergie et de méditation. Cet homme me fit le cadeau de copier sur mon ordinateur des fichiers audios de méditation accompagnée de Jon Kabat-Zinn, médecin et expert en méditation de la « pleine conscience ». Au lendemain de cet échange, je décidai de m'y essayer. Tout un monde s'ouvrit alors à moi, et je l'explore encore aujourd'hui.

L'une de mes méditations préférées à ce jour s'intitule la « médiation de la montagne ». Kabat-Zinn parle de deux choses principales que nous pouvons apprendre de la montagne et, en pratiquant, j'en ai découvert une troisième. Mais celles du maître pour commencer.

La montagne nous enseigne l'authenticité. Son apparence extérieure change du fait des saisons, par exemple, ou du fait du cycle du jour et de la nuit. Cependant, lorsqu'on y regarde de plus près, on voit que ce changement n'affecte pas la nature profonde de la montagne (comme par exemple lorsque, au fil des années, les signes de vieillesses apparaissent progressivement sur notre corps). De plus, que les gens la regardent ou non, qu'ils aiment sa forme ou non, qu'elle soit cachée par d'autres montagnes plus imposantes ou exposée à la vue de tous ; la montagne reste fondamentalement elle-même. Nous pouvons appliquer cet enseignement dans notre vie lorsque, par exemple, nous entrons dans un endroit où l'on nous acclame parce que nous avons fait quelque chose de remarquable. De même, lorsque nous entrons quelque part et que nous ne nous sentons pas les bienvenus. Dans les deux cas, nous pouvons nous rappeler l'esprit de la montagne et garder en mémoire que, **quelle que soit l'attitude, accueillante ou hostile, des personnes autour de nous, nous restons intrinsèquement la même personne.**

La montagne nous enseigne la stabilité. Elle est majestueuse et immuable - du moins le semble-t-elle à l'œil nu. Et cela quelle que soit la force des vents qui battent ses flancs, quelle que soit la lourdeur des tonnes de neige qu'elle supporte. **Elle reste assise.** Cette leçon peut nous être utile lorsque nous faisons face aux « tempêtes » de la vie. Les difficultés nous accablent mais nous tenons bon, et, plus que tout, nos difficultés ne définissent pas qui nous sommes. **Elles sont un passage de la vie, et nous n'avons pas à « passer » avec elles lorsqu'elles nous quittent.** Il en va de même pour les changements de notre vie. Ceci me fait énormément penser à la notion d'**Istiqama** (fermeté dans la foi, malgré les difficultés) en islam.

Une dernière leçon de la montagne, et celle-ci est de mon cru, **c'est l'accueil**. La montagne est assise, immense, immuable et laisse venir à elle tout qui veut. **Elle « sait » qu'elle est pleinement elle-même et qu'elle est ancrée dans sa base, alors elle n'a pas peur d'accueillir, de laisser les gens, la vie, venir à elle.** Je personnifie la montagne ici bien sûr, mais c'est à l'être humain que je pense. C'est un rappel du fait de ne pas avoir peur de ce que l'avenir nous réserve, ni des paroles ou des actions des personnes avec lesquelles nous vivons. En effet, ils nous trouveront authentiques, parfaitement ancrés dans notre base, complètement calmes. En un mot : **prêts à les recevoir.** Je ne peux, évoquant cette idée, manquer de vous renvoyer à *La maîtrise de l'amour* de Don Miguel Ruiz, qui explique très justement cette paisibilité de la personne qui est prête à donner et à recevoir, car elle vit sans crainte et qu'elle possède déjà en elle tout l'amour dont elle a besoin.

Quand j'ai rédigé ce poème, et au fil des corrections, je voulais qu'à sa lecture, je me rappelle sans cesse les trois choses suivantes.

D'abord, qu'il ne faut plus jamais que je cherche à être qui que ce soit d'autre que moi-même (authenticité), et qu'il ne faut plus jamais que je recherche l'approbation de qui que ce soit d'autre que Dieu (Ikhla's = « monothéisme pur » en islam). En effet, faire cela conduit la musulmane que je suis à désobéir à Dieu, et cela conduit l'être humain que je suis au malheur, **car chercher à plaire à tout le monde conduit souvent à vivre derrière un masque de faux-semblants et à perdre le sens de sa propre identité.** Or, la vie est bien trop courte pour consentir à sacrifier une de ses minutes à vivre autrement que comme on a envie de vivre. S'accorder la liberté d'être pleinement soi-même est une conquête.

Ensuite, je voulais me rappeler qu'il y a une hiérarchie dans les choses de ce monde. Que la force intérieure est infiniment supérieure à la force extérieure, c'est-à-dire la force apparente (« L'invisible est immense ; l'apparent insignifiant »). De fait, la force extérieure possède des limites, alors que la force intérieure est un puits que l'on peut travailler à remplir toute sa vie sans jamais en voir le fond. En outre, face à la vie, à ses épreuves et à ses tentations, ceux qui l'emportent sont ceux qui font montre, non pas d'une grande résistance physique, mais plutôt d'une grande résilience, de détermination, d'optimisme, etc. Pour citer une idée développée par David Goleman dans son excellent ouvrage intitulé *L'intelligence émotionnelle*, l'intelligence académique n'est rien sans l'intelligence émotionnelle qui permet de faire face aux défis plus psychologiques de notre existence. En effet, lorsque l'on est vaincu émotionnellement par les épreuves, même notre intelligence académique en pâtit.

Enfin, je voulais rappeler à mon cœur l'importance de ne pas me laisser emporter par les « tempêtes de la vie » et de faire preuve de modération dans tout. Dans l'amour des choses et des gens, et dans leur haine. En effet, entre autres choses, l'un conduit à l'adoration immodérée et l'autre à l'injustice. C'est pourquoi il me semblait important de me rappeler de toujours faire preuve de mesure dans ces domaines, de crainte de considérer que la vie se résume à un seul moment de malheur ou à un seul instant de bonheur – et aux seules personnes qui vivraient ces périodes avec moi. C'est ici que la notion d'être « assise parfaitement dans le roc telle une montagne » vient à mon secours, car, puisque je sais que je suis assise, je ne crains pas l'avenir. Au contraire, quoiqu'il arrive sur mon chemin, je l'accueillerai et en tirerai le meilleur. Ceci me fait penser à un de mes haiku sur le thème de la liberté :

Rire sous le soleil,
Pleurer sous la pluie -
Tenace

Solitude won't do it any longer

Contemplation versus Isolation
Ci-dessous, la traduction en français
I have always been and will always be a defender of
solitude. I think that it refreshes in this world of
overwhelming amounts of images and noise, and
that it offers perspective on our lives and on the
world. It also grants us time to realise that we are
alive in spite of everything going on in our lives.
However, there is a difference between
contemplation (chosen solitude, to reflect) and
isolation (solitude out of fear).

These last months, I have had the chance to spend
time with people with incredibly strong characters.
They pushed me to my limits, made me angry,
made me want to shed tears more than once, but
they also made me laugh a laugh from within,
discover how resilient humans are, how deeply
strong they can be. They made me fall in love with
human beings. Most importantly, they set me free
by showing me that I can open up to others if I wish
to, because I have enough strength to bear the pain

that comes with it. They made me realise that "solitude won't do it any longer".

I dedicate this poem to an old friend of mine who has always told me about the importance of action, of getting out of your thoughts and go get your hands dirty.

La solitude ne me suffit plus

Recueillement versus isolement

J'ai toujours été et serai toujours une fervente adepte de la solitude. Cela parce que je pense qu'elle rafraichit dans ce monde où images et sons sont surabondants. Je pense également qu'elle permet de mettre en perspective notre vie et notre monde. En outre, elle nous fait prendre conscience que nous sommes vivants, malgré tout ce qui peut se passer dans notre vie. Cependant, il existe une différence entre recueillement (solitude choisie dans le but de réfléchir) et isolement (solitude à laquelle l'on consent par peur des autres et du monde).

Ces derniers mois, j'ai eu la chance de passer du temps avec des personnes dotées de caractères bien trempés. Elles m'ont poussée dans mes derniers retranchements, m'ont mise en colère et m'ont donné envie de pleurer plus d'une fois. Néanmoins, elles m'ont également fait rire d'un rire sincère et m'ont fait découvrir combien les êtres humains sont résilients, combien ils peuvent être forts. Elles m'ont fait tomber amoureuse des humains. Par ailleurs, et c'est le plus important, elles m'ont libérée, car elles m'ont montré que je peux m'ouvrir aux autres si je le souhaite, parce que je possède assez de force pour supporter la souffrance qui découle inévitablement de cette ouverture. Elles m'ont fait me rendre compte que « la solitude ne me suffit plus ».

Je dédie ce poème à un vieil ami qui m'a toujours rappelé l'importance d'agir, de sortir de nos pensées et d'aller « mettre la main à la pâte ».

Deux rythmes

Être sur la même longueur d'onde… Ou pas
J'ai écrit ce poème à la suite du visionnage d'un film coréen dont je ne me rappelle malheureusement plus le titre. En résumé, après ses études, un homme a l'occasion de faire un stage dans un village. Il y retrouve une jeune femme qui était sa camarade de classe en secondaire (ou équivalent). Ils étaient tous les deux très amoureux

l'un de l'autre à l'époque, et c'est toujours le cas. Seulement, la jeune femme a dû quitter la ville pour venir prendre soin de son père qui était malade. Ils sont alors mis face à un choix déchirant: soit, ils repartent tous les deux en ville, et la jeune femme abandonne son père à la vie rude de village, mais le jeune homme a l'occasion de se faire une carrière en lien avec ses études ; soit, ils restent tous les deux au village, et le jeune homme abandonne ses rêves pour rester auprès de la femme qu'il aime. Deux chemins de vie ; deux rythmes?

Quelques jours après la rédaction de ce poème, j'ai eu la chance de visionner le film "Sir" qui, en résumé apéritif, se déroule en Inde et relate l'histoire d'amour entre un homme et son aide-ménagère. Devrait-il faire fi des dires de la société et vivre son amour avec son aide-ménagère? Oserait-elle laisser libre cours à ses sentiments et espérer pouvoir les partager un jour avec son employeur ? Deux classes sociales ; deux rythmes ?

Je vous laisse le loisir de regarder ces films si vous le souhaitez pour savoir comment ils se terminent, mais dans tous les cas, nul besoin de connaître leur fin respective pour notre analyse. Vous vous demandez certainement pourquoi j'ai mis des points d'interrogation après « deux rythmes » ? Je vais m'expliquer.

Mais avant, voici encore une autre interrogation qui a encouragé la rédaction de ce poème, et qui se retrouve un peu dans ce dernier d'ailleurs, c'est la question identitaire pour la personne qui a émigré de son lieu de naissance. Elle n'est plus de là-bas, mais elle n'est pas totalement d'ici non plus. Deux cultures qui s'entrechoquent ; deux rythmes ?

J'ai eu un débat passionné avec mes amies après que nous avons regardé le film « Sir ». Nous nous demandions ce que nous ferions à la place des protagonistes et nous nous disions que nous sommes tous confrontés à des choix comme ceux-ci dans notre vie. Par exemple, accepteriez-vous de sortir ou de vous marier avec quelqu'un d'un niveau d'éducation inférieur au vôtre ? Quid d'un niveau socio-économique inférieur ? Et si c'était le contraire ? Je veux dire croiriez-vous en le succès d'une histoire d'amour avec une personne de niveau d'éducation ou de classe socio-économique supérieurs aux vôtres ? Et encore une autre question à laquelle il peut être difficile de répondre : donneriez-vous une chance à une histoire d'amour avec une personne qui ne partage pas votre spiritualité ou les valeurs fondamentales qui guident votre vie ? Questions intemporelles s'il en est, n'est-ce pas ?

Mes amies et moi, malgré nos divergences, étions d'accord sur une chose : un partenaire de vie sur le long terme doit partager nos valeurs fondamentales, et, diplôme ou non, nous devons être sur la même longueur d'onde.

Je tiens également à dire que, bien que j'aie intitulé le poème "deux rythmes", je pense qu'il y a autant de « rythmes », de visions du monde, de manières de vivre, etc. qu'il n'y a d'individus sur Terre. C'est pourquoi j'ai pris soin de mettre des points d'interrogation à chaque fois que je mentionnais le « deux rythmes ».

En dernier lieu, je vous invite à mettre ce poème en résonnance avec les suivants : « Dis, nous retrouverons-nous à l'horizon ?» et « Bien que je t'aie trouvé ».

Remerciements

Je remercie mon ami Francklin Donfack qui a pris la photo qui accompagne le titre de la partie intitulée « J'ai franchi le fleuve ».

Un tout grand merci à Celui sans qui ce projet salutaire n'aurait pu voir le jour, car Vous fûtes, êtes et serez toujours ma Lumière, ma Force, ma Paix.

Si vous souhaitez poursuivre la discussion, me faire part de vos impressions ou de quelque autre remarque que ce soit, vous pouvez me contacter via l'adresse mail petales-d-atsutchi@outlook.fr ou via la page Instagram @petalesdatsutchi, ou bien encore m'envoyer un message via la page Facebook « Pétales d'ATSUTCHI ». Vous pouvez également laisser un commentaire sur mon blog petales-d-atsutchi.over-blog.com ou venir écouter la récitation de poèmes et d'autres textes sur la page YouTube « Pétales d'ATSUTCHI ».